江苏高校优势学科建设工程资助项目(现代审计科学)
江苏高校品牌建设工程一期项目立项专业(审计学)
江苏省教育厅高校哲学社会科学研究项目(2013SJB6300058)
南京审计大学品牌重点专业建设项目(工商管理)
南京审计大学校级科研项目(NSK2009/B15)

控股股东与公司治理效率关系的实证研究

王军伟　陆桂琴　著

中国矿业大学出版社

内容提要

本书针对上市公司中存在的大股东与中小股东之间的代理问题，以我国A股上市公司作为研究对象，对“控股股东、最终控制人行为”特征进行了分析，对“公司治理效率的内涵和测度指标”进行了理论研究；在此基础之上，着重研究“控股股东、最终控制人行为”与“公司治理效率”之间的关系，建立了相应的理论模型并进行实证检验，为有效治理上市公司违规行为、提高公司治理效率提出政策建议。

图书在版编目(CIP)数据

控股股东与公司治理效率关系的实证研究 / 王军伟，陆桂琴著. —徐州：中国矿业大学出版社，2017.12

ISBN 978-7-5646-3871-9

Ⅰ.①控… Ⅱ.①王… ②陆… Ⅲ.①上市公司—股东—关系—企业管理—研究—中国 Ⅳ.①F279.246

中国版本图书馆CIP数据核字(2017)第323994号

书　　名 控股股东与公司治理效率关系的实证研究
著　　者 王军伟　陆桂琴
责任编辑 史凤萍
出版发行 中国矿业大学出版社有限责任公司
(江苏省徐州市解放南路　邮编221008)
营销热线 (0516)83885307　83884995
出版服务 (0516)83884895　83884920
网　　址 http://www.cumtp.com　**E-mail**:cumtpvip@cumtp.com
印　　刷 江苏淮阴新华印刷厂
开　　本 880×1230　1/32　**印张** 7.5　**字数** 195千字
版次印次 2017年12月第1版　2017年12月第1次印刷
定　　价 30.00元

序

自从伯利和米恩斯明确提出公司治理的概念，公司治理理论研究与实务发展越来越受到人们的重视。随着股票市场的建立和上市公司的出现，我国对公司治理的研究也逐渐展开。20世纪90年代亚洲金融危机的爆发，以及2001年发生的美国安然公司事件等一系列世界著名公司丑闻事件的出现，引发了人们对公司治理问题前所未有的关注与探讨。经济合作与发展组织等国际组织和一些国家相继发布了新的公司治理规范。我国证券市场监管部门也颁布了公司治理规范，有关专家纷纷开展了相关的研究，公司治理日益得到社会各界的重视。

本书首先对公司治理的起源进行了简单回顾，界定了公司治理的内涵。在此基础之上，作者对与本书研究密切相关的公司治理研究领域，如公司治理效率与评价、大股东与中小股东之间的代理问题，以及国内外公司治理研究现状和新进展进行了回顾与述评。本书认为，当前公司治理研究主要可以归纳为四个方面：公司治理内涵研究、公司治理理论研究、公司治理机制研究与公司治理比较研究。近年来公司治理研究的新进展主要表现在:公司治理效率与公司治理评价、大股东与中小股东代理问题、行为公司治理等方面的研究。公司治理研究从"股东与经理人之间的代理问题"转向了"大股东与中小股东之间的代理问题",这些研究在取得了丰富研究成果的同时,存在着以下几点不足:一是对于控制权的研究主要停留在大股东收益、大股东对公司绩效影响的层面;二是研究主要限于大股东或者控股股东,缺乏对"最终控制人"的研究,而且缺乏对"控股股东""最终控制人"行为与公司治理关系的研究;三是对公司治理效率认识不一,缺乏严谨的理论界定,对股东行为对公司治理效率的影响研究不够深入。

本书针对上市公司中存在的大股东与中小股东之间的代理问题,以我国A股上市公司作为研究对象,对"控股股东、最终控制人行为"特征进行了分析,对"公司治理效率的内涵和测度指标"进行了理论研究;在此基础之上,着重研究"控股股东、最终控制人行为"与"公司治理效率"之间的关系,建立了相应的理论模型并进行实证检验,为有效治理上市公司违规行为、提高公司治理效率提出政策建议。

本书认为,公司治理效率是一种制度效率,利益相关者治理成本最小化、治理收益最大化是公司治理效率的直接测度指标,公司绩效、公司价值是公司治理效率的间接测度指标。公司治理效率具有多重性特征。控股股东与最终控制人的行为是影响公司治理效率的关键因素，其行为取决于其个体特征、自身需求及其所处的环境。公司治理效率是控股股东与最终控制人个体特征、行为与其所处环境的函数。据此本书建立了“环境、结构—行为—效率”的实证分析框架，以“期间费用率、托宾 Q、净资产收益率、净资产报酬率和违规次数”等指标作为公司治理效率的测度指标对提出的假设进行了检验。实证结果表明，公司治理环境与结构、控股股东与最终控制人行为都对公司治理效率有着不同程度的影响，公司治理结构对控股股东与最终控制人行为也有着较为显著的影响，但是他们之间的关系并不是一成不变的。这说明影响公司治理效率的因素较为复杂，特别是环境因素所包含的并非仅仅是本书所涉及的因素。从实证分析结论来看，本书根据理论分析和相关研究文献提出的假设并不完全成立，而且公司治理效率测度指标不同，对假设的检验结果也会不同。这一研究结果一方面进一步说明了公司治理效率测度指标的多样性，而其根本原因在于公司治理效率内涵的复杂性；另一方面也说明了公司治理结构、控股股东与最终控制人行为与公司治理效率关系的复杂性，简单的线性模型不能有效说明其影响机制与机理。另外，由于难以用数量指标刻画等原因，本书实证研究没有涉及“环境”这个影响公司治理效率的重要因素，也是导致一些研究假设不能成立的重要因素。

基于理论研究和实证分析的结论，本书提出了提高我国公司治理效率的对策，主要有完善和强化相关利益主体的刚性约束、建立和完善市场经济与竞争机制、建立有效的再谈判机制和改善公司治理外部环境等。

由于作者能力所限，本书所研究的问题与结论存在着不足，恳请同行和读者不吝赐教，帮助作者在未来进一步开展研究。同时，对本书所引用的参考文献的各位作者致以深深的谢意。他们的前期研究为本研究提供了良好的研究基础。

目　录

第1章 绪 论

1.1 公司治理的起源与内涵

1.1.1 公司治理的起源

“治理”(governance)是一个外来词,其词根是拉丁语“gubernae”,“统治”或“掌舵”之意(control, govern, restrain, rule),原本的意思是指控制(govern)、支配或管制,这与执政(government)的意思有重合、交叉之处。在英文中,作为名词的“治理”是“governance”,而作为动词的“治理”是“govern”。根据我国外文出版社 2010 年出版的《英汉双解词典》和 Wiley Publishing 出版社 2001 年出版的 *Webster's New World Children's Dictionary* 等辞典的释义,“govern”的意思是“统治、决定、管理、控制、执政”等;“governance”的意思是“统治权、支配权、管理行为、管理方式”等,与“administration、government”意思基本相同。

在现代汉语中,根据上海辞书出版社 2010 年出版的《辞海》、商务印书馆 2012 年出版的《现代汉语词典》(第六版)等解释,“治理”是统治、管理、处理、修正之意。在外语教学与研究出版社 2010 年出版的《现代汉语规范词典》中,治理则有两种解释:一是统治、管理,使之安定有序,如治理国家,治理家务;二是处理、整修,使之不发生危害并起作用,如污染治理、社会治理等。

从国内外对于“治理”含义的解释演变来看，经济社会的发展，政治体制的变革，以及社会发展模式与政治经济理论的不断演进，促使“治理”概念的产生，也推动着“治理”内涵和外延的发展。现在的治理概念和治理理论是一个充满含混和多种含义的概念和理论，人们在多层面、多领域和多层次上使用这一概念。近年来，更是出现了国家治理、社会治理等一些新概念与新的研究领域。

公司治理的思想渊源由来已久。早在1776年，著名经济学家、社会学家亚当·斯密（Adam Smith）在他的著作*An Inquiry into the Nature and Causes of the Wealth of Nations*（国富论）中就对公司治理进行了论述。[1]在其著作里，亚当·斯密对股份有限公司的运行机制进行了论述，指出：董事会负责股份公司的经营事务，虽然董事会要受到股东大会的支配和制约，但是由于股东一般对于股份公司的经营活动知晓不多或者“无知”，股东们只要能够分得“红利”，就不会干涉董事会事务。与私人公司、合伙公司不同的是：股份公司的投资者往往不仅仅是董事；董事经营管理的是“别人的钱”，董事就不会像私人公司投资者、合伙公司合伙人去管理企业。亚当·斯密对股份公司的这一论述指出了投资者和经营者之间的利益不一致，已经涉及了“公司治理”的核心问题，即“代理问题”。

从世界范围来看，“公司治理”（corporate governance）一词最早出现于Berle和Means（1932）的经典著作*The Modern Corporation and Private Property*中。在该书中，Berle和Means认为，在股份公司中，管理者具有很大的权力，这些权力的增大往往会损害资本所有者（投资者）的利益。[2]发端于这一经典文献，西方学者们从保护投资者利益出发，研究从制度层面上有效地控制和监督经理人员行为，逐渐形成了公司治理这一研究方向，在该研究领域的研究文献也如雨后春笋般层出不穷。Jensen和

Meckling(1976)在其公司治理经典文献 *Theory of the Firm: Managerial Behavior, Agency Costs and Ownership Structure* 中对代理问题的含义进行了系统的阐述,并研究了代理成本的发生与减少措施,认为企业经营管理人员具有管理控制权,即使这些人拥有少量公司股份,也会运用其控制权寻求个人利益最大化。这就产生了新的代理问题,公司所有者需要对其代理人——经营者进行筛选,并采取激励与制约措施。[3]

1.1.2　公司治理的内涵

一般认为,公司治理概念最早是威廉姆森(Williamson,1975)提出的,在过去40多年中逐渐被人们所关注和重视。[4]在我国,20世纪80年代末90年代初学术界出现了对"corporate governance"一词的翻译,早期的中文翻译有:公司治理、公司治理结构、法人治理结构等。在我国台湾省,该词则常常被翻译为"企业管治"。这个时期这几个词是混用的,其实质含义并无区别。

弄清楚公司治理内涵,是研究公司治理的学者们关心的一个基本问题,很多学者对此进行了研究,如 Cochran 和 Wartick (1988)[5]、费方域(1998)[6]等,对各种表述做了分类和归纳。根据这些学者的研究结果,目前对公司治理内涵理解的代表性观点可以归纳为以下几种:

(1) 公司治理是一种制度安排

"制度安排说"是被人们普遍接受的说法。威廉姆森从合约的角度把治理概念一般化,他认为公司治理是一种制度框架,或者制度矩阵,这些制度决定一笔交易如何完成,如何进行交易谈判和履约,这种制度安排就是治理机制,可以选择的治理机制有市场和企业两种。英国凯特布瑞委员会(Cadbury Committee,1992)认为,公司治理是借以指挥和控制公司的制度或过程。[7] Andrew Hicks 和 S. H. Goo(1994)认为,公司治理是一种制度,这种制度的基础是“责任”,即:股东委托董事,董事负有公司业务经营管理的责任和义务。[8]牛津大学萨伊德商学院的 Colin Mayer(柯林·梅耶)认为,公司治理是公司赖以代表和服务投资者利益的一种制度安排。[9]日本经济学家青木昌彦和我国的钱颖一(1995)也支持制度安排的观点,他们认为,公司存在不同的利益相关者,公司治理是用来处理他们之间关系的一系列制度的总和。[10]林毅夫等人(1997)从公司治理结构方面对公司治理含义做出了解释,认为股东对公司的经营管理和业绩进行监督和控制的一系列制度安排就是公司治理结构。[11]刘芍佳和李骥(1998)认为,公司治理有狭义和广义之分,狭义的公司治理是指公司董事会、经理人员的权利及监督方面的制度安排,而广义的公司治理除了上述制度安排以外,也包括公司的经理人员激励制度、经理人员人力资源管理制度、财务制度、公司组织结构、企业战略管理系统等与企业高层管控有关的其他制度。[12]李维安(2001)认为,所谓公司治理,是指通过一套包括正式或非正式的、内部的或外部的制度或机制来协调公司与所有利益相关者之间的利益关系,以保证公司决策的科学化,从而最终维护公司有关方面利益的一种制度安排。[13]

(2) 公司治理是一种组织结构

吴敬琏(1994)认为,在公司中,股东、董事会、经营者三者之间相互制衡,这种制衡关系的体现就是公司治理结构,因此公司治理实质上是一种组织结构。[14]刘伟(1994)也认为,公司治理结构是公司法人财产制度的外在表现,是对公司法人财产权利与责任的结构制衡而产生的规范委托人(股东)与代理人(经营者)之间权利、义务和责任的制度安排。[15]这一观点从组织理论出发强调公司治理的表现形式,并没有否定公司治理是制度安排,

(3) 公司治理是一种决策机制

奥利弗·哈特(Oliver Hart,1995)认为,公司治理的存在是为了解决代理问题与契约的不完全性,分配公司契约中未做出安排

的剩余控制权。在公司利益相关者之间的“初始契约”中，对于资产使用没有做出详尽规定，那么契约“不完全”的部分就需要公司治理来决定。[16] Shleifer 和 Vishny(1997)的观点则更加简单明了，他们认为公司治理是确保投资者获得相应的投资回报不可或缺的手段，如：如何使管理者将利润的一部分作为回报返还给自己，怎样控制管理者，等等。[17]张维迎(2005)认为，公司治理结构的核心问题是如何在不同的企业参与人之间分配企业的剩余索取权和控制权，有效的治理结构只能建立在有效的产权安排之上。[18]

由此可见，关于公司治理的定义众说不一，国内外学者从不同的理论与实践角度出发，给出了各种定义，可谓“仁者见仁，智者见智”。上述这些代表性观点，从不同角度出发，对公司治理内涵做出了不同的解释，但是不难看出的是，这些解释都紧紧围绕着公司治理的核心问题，即“代理问题”。

综合上述观点，本书认为：公司治理的核心问题是为了解决“代理问题”。代理问题产生的原因在于“两权分离”，即所有权与经营权分离。公司治理是一种制度安排，它对公司相关利益主体的权利、义务与责任做出了规定，提供了不同利益相关者之间冲突的解决机制。从外在形式来看，这种制度安排可以是显性制度（成文的法律、合约、章程等制度），也可以是隐性制度（不成文的市场竞争机制、道德规范等）；从范围来看，这里的“制度安排”既包含了公司内部的制度和机制，也包括为解决公司存在的各种“代理问题”的公司外部制度和机制。

1.2 提高公司治理效率的意义

1.2.1 提高公司治理效率的微观意义

现代公司的所有权与经营权分离，促使了公司治理的产生。

公司治理是对公司组织内外部各要素贡献者（同时也是利益相关者）之间的责任、权力、风险与利益相互匹配的制度安排。这种制度安排可以是显性制度（成文的法律、合约、章程等制度），也可以是隐性制度（不成文的市场竞争机制、道德规范等）。

随着现代股份公司的数量越来越多、规模越来越大，股份制公司在世界经济中的地位日益重要，公司治理需求也随之而日益旺盛。作为现代公司制度的核心，公司治理是由所有者、董事会和高级经理人员三者组成的一种组织结构。该结构明确划分了上述三个主要的公司利益群体的权利与责任，并使得这三个主体之间形成相互依赖与制约的关系。

根据契约理论，公司是一组不完全契约的结合，公司治理是对不完全契约的补充，决定着契约各参与方如何运用合同未作规定的“剩余权”，起着规范和调节公司相关利益主体行为的作用。公司治理是确保公司长期战略目标和计划得以确立，确保整个管理结构能够按部就班地实现这些目标和计划的一种组织制度安排。这种安排要确保整个管理机构能履行下列职能：维护公司的向心力和完整，保持和提高公司的声誉，对与公司发生各种社会经济联系的单位和个人承担相应的义务和责任。

由此可见，公司治理分别与公司决策、公司经营管理活动、公司绩效之间存在着密切的关联关系。公司治理对公司绩效的影响是通过影响和作用公司管理而间接实现的，这也是本书中采用公司业绩指标作为衡量公司治理效率的指标的原因。公司绩效包括效果（即经营成果——利润）、效率（净资产收益率）和对环境的适应性（应变能力与竞争能力）。公司治理的有效性影响投资者的利益和公司的长期健康发展，并影响战略管理过程的效率。公司治理问题在战略管理层面上的含义是：如何协调与处理相关者的利益行为、增强公司与环境的适应和协调能力并围绕获取持久的最大的竞争优势以提高公司的价值创造能力而运转。提高公司治理效率，能够增强公司的战略决策和战略管理能力与效果，有利于形成公司的核心竞争力，提升公司竞争能力和竞争优势，这些对于提高公司业绩，增加公司市场价值，保护为公司创立与发展做出贡献的不同利益相关者的利益，具有重要的实践意义。

1.2.2 提高公司治理效率的宏观意义

公司治理的出现和存在，是为了解决现代公司制企业所有权和经营权分离导致的代理问题，但是其影响已经不仅仅局限于此。世界经济的发展已经证明，公司治理对宏观经济也具有重要的影响。

20 世纪 90 年代，Robert Maxwell、Bank of Credit and Commerce International(BCCI，国际信贷商业银行)等一些英国公司与金融机构破产倒闭。这些事件殃及上市公司，给英国资本市场和养老金基金、银行等造成重创，究其原因主要是由于公司治理失效导致财务信息造假、公司破产等。有鉴于此，1991 年 5 月，为了挽救更多的治理失效，安德里安・卡德伯利爵士(Adrian Cadbury)成立了一个研究英国公司治理的委员会，并为相关公司给出建议，旨在恢复投资者信心。该委员会受雇于财政报告委员会、伦敦证交所和会计师协会。基于本国实践和美国治理经验，Cadbury Report 给出了对上市公司董事会的建议，在行业认可度很高。该报告认为，企业的经营情况、管理效率和效果关系到一个国家的国民经济稳定与发展，一国的国家竞争优势依赖于该国公司治理效率的高低。在这一时期，美国的公司也出现了公司治理丑闻，而且受到日本和德国公司的竞争威胁，学者们对这些国家的公司治理进行了比较研究，发现日本和德国公司治理模式是促使这两个国家公司竞争能力提升的重要因素。

公司治理不佳，通常也被认为是 1997～1998 年金融危机、2008 年美国“次贷危机”的原因之一。虽然公司治理问题并没有引发东亚危机，但是东亚公司治理的实践却可以使国家在金融危机中变得更加不堪一击，一旦危机发生，还加重了危机的程度。如果说公司治理在危机中是显著因素的话，那么公司治理就不仅能解释危机中不同国家的表现差异，而且能解释一国之内公司之间的表现差异。公司治理的失效，是金融危机的内在因素。一个公司治理较差的金融市场容易发生金融危机。差的公司治理促成金融危机的途径有许多种。例如，公司治理薄弱经常导致整个企业部门效率低下，进而导致投资回报率低以及市场信心动摇等。银行系统不可避免地为不良贷款负担所困，变得很脆弱，其他金融机构也如此。低效率加上缺乏透明度使问题越积越多，最终爆发危机。因为公司治理有缺陷的金融市场在开放经济中比在封闭经济中更加脆弱。

2001 年，美国发生了“安然事件”等一系列公司丑闻。这些公司丑闻严重损害了投资者尤其是小股东的利益。各国投资者开始认识到，现有各种公司治理模式都存在缺陷和不足。从安然、世通公司案例到华尔街五大投行顷刻覆灭的教训都足以表明，在公司治理理念、制度和机制设定上如果忽视了对获利欲望的理性制衡和规范，极易背离市场道德底线和规则，犯下违背常理的低级错误。

公司治理的宗旨是保护投资者，这意味着让投资者从投资中获得最高回报。公司治理对于一个国家金融市场的健康具有重大意义。在一个投资者不能得到充分保护的环境里，金融市场的交易成本往往很高，因为投资者知道他们得不到充分保护，因此都以自己的方式来保护自己，这些方式从整个社会的观点来看往往是不符合效率要求的。在一个公司治理较差的环境里，金融市场能做的只能是低效率分配资源，而这迟早会表现为 GDP 增长率的损失。

对中国这样一个正处于由不完全的市场经济向逐步完善的市

场经济转变的国家,改善公司治理,提高公司治理效率,获得经济业绩和竞争力应当成为公司利益相关者和政策制定者尤为关心的重要问题。

1.3 研究意义

1.3.1 学术价值

从公司治理研究的国内外研究现状和新进展来看,目前公司治理研究关注的核心问题从"股东与经理人之间的代理问题",转向了"大股东与中小股东之间的代理问题"。大股东与中小股东之间的代理问题成为当前研究的热点,研究呈现出越来越具体深入的趋势。这些研究在取得了丰富研究成果的同时,存在着以下几点不足:

一是大股东与中小股东之间的代理问题研究注重隧道行为,对于控制权的研究主要停留在大股东收益、大股东对公司绩效影响的层面,对最终控制人如何侵害中小股东利益、如何影响公司治理研究不够。二是研究主要限于大股东或者控股股东,对"最终控制人"的研究缺乏,而且缺乏对"控股股东"、"最终控制人"行为与公司治理的研究。三是对公司治理效率认识不一,缺乏严谨的理论界定,对大股东行为对公司治理效率的影响研究不够深入。四是现有的文献侧重于实证研究,不同的研究者利用不同的数据、方法甚至得出了不同的研究结论,没有建立适当的理论模型。

本书以上市公司作为研究对象,在对"控股股东、最终控制人行为"特征进行分析,以及对"公司治理效率的内涵和测度指标"进行理论研究的基础上,着重研究"控股股东、最终控制人行为"与"公司治理效率"之间的关系,建立相应的理论模型并进行实证检验。本书拟在弥补以上研究不足的基础上,对现有的公司治理研究做出理论贡献。

1.3.2 实践意义

自 1990 年 12 月 19 日上海证券交易所成立以来，我国证券市场风雨历程二十余载，市场规模迅速扩大，已成为促进我国国民经济发展不可或缺的部分。尤其是股票市场作为资本市场的主要构成，在我国国民经济建设、社会发展、国企改革等方面发挥了举足轻重的作用。我国境内上市公司数量从最初的 10 家，上升到 2017 年 9 月底的 3399 家。[19] 到 2016 年底，我国企业当年通过境内市场累计筹资 46236.51 亿元（其中，A 股 18910.35 亿元）。通过境外市场筹资 1690.86 亿元。[20] 根据国家统计局网站公布的数据显示，2016 年我国国内生产总值（GDP）为 743585.5 亿元，同年底境内上市公司股票市值总额为 507685 亿元，是同期 GDP 的 68.25%。[21] 由此可见，上市公司在国民资产数量上、质量上的重要地位逐步增强。

在我国股票市场上，上市公司大股东“一股独大”的现象普遍存在，使得控制权收益存在巨大而肥沃的滋生土壤。股票市场初步建立，制度建设和监管措施的不完善、不健全，导致上市公司大股东经常利用其控制权优势地位，侵害中小股东利益，谋取私人收益，证券市场上各种违规行为频频出现。仅仅自证监会 1992 年成立至 2005 年 6 月底，就累计公布了 438 个行政处罚决定，涉及 536 家单位，1066 名个人。[22] 违规行为的存在从根本上制约着股票市场，乃至整个证券市场的可持续发展。上市公司及其高管违规主要是上市公司实际控制人或者大股东违反有关监管机构制定的法规制度或者公司规章制度，追求控制权私人收益，非法掠夺或者侵占中小股东利益。违规行为之所以频频出现，实际上就是由于控股股东、最终控制人的行为而导致的公司治理失效。有效地遏制上市公司违规行为，保证我国证券市场和上市公司的可持续发展，提高公司治理的效率势在必行。而控股股东、最终控制人的行为是影响上市公司治理有效性的关键因素。因此，研究控股股东、最终控制人与公司治理效率之间的关系具有重要的现实意义。

1.4　研究内容与研究过程

1.4.1　研究内容

本书主要以我国上市公司相关资料为基础，研究我国企业控股股东、最终控制人行为与公司治理效率之间的关系；通过规范的理论分析与实证研究，分析我国上市公司控股股东与最终控制人的行为特征，发现控股股东与最终控制人影响上市公司治理效率的机理，为解释我国证券市场上的上市公司频频违规现象提出理论依据，为有效治理上市公司违规行为、提高公司治理效率提出政策建议。

本书章节安排如下：

第1章：绪论。本章介绍公司治理的起源，界定了公司治理的内涵，探讨了提高公司治理效率的宏观意义和微观意义；在此基础上，讨论和介绍了本研究的研究意义、研究内容、研究方法和研究技术路线。

第2章：相关研究成果与文献综述。这一章主要对与本书紧密相关的公司治理研究成果进行了梳理，进行了文献综述，重点对公司治理研究的新进展，如大股东与中小股东代理问题、公司治理效率与公司治理评价、行为公司治理等方面的研究进行文献综述。

第3章：控股股东、最终控制人与公司治理效率关系的理论研究。本章在文献综述的基础上，开展公司治理效率内涵与测度指标的理论研究；界定控股股东、最终控制人，分析控股股东、最终控制人的行为特征，建立控股股东、最终控制人行为与公司治理效率关系的理论模型。

第 4 章:控股股东、最终控制人行为与公司治理效率关系的研究假设与实证设计。这一部分在前一章理论分析的基础上,提出研究假设和实证分析框架,并对本书的研究方法与工具进行了说明。

第 5 章:实证检验、结果与讨论。本章以控股股东、最终控制人行为与公司治理效率关系的理论模型为基础,选取样本和数据,定义变量,运用第 4 章提出的实证框架、研究方法与工具,进行假设检验,并对分析检验结果进行分析和讨论。

第 6 章:结论与展望。本章在理论与实证研究的基础上,提出规范控股股东与最终控制人行为的措施,提出提高公司治理效率的政策建议;针对规范措施与政策建议的可行性分析,提出规范措施与政策建议的实现机制;另外,对本书的研究过程与研究成果进行总结,提炼出本书创新之处与实用价值,指出研究的不足之处和进一步研究的方向。

1.4.2 研究方法与研究路线

本书以现代企业理论、行为科学、信息经济学、行为经济学、行为心理学等经济学、管理学以及其他社会科学理论为理论基础,采用规范分析与实证研究相结合的研究方法。具体设计如下:

① 规范分析。对公司治理效率内涵与测度指标进行规范分析,对控股股东、最终控制人行为与公司治理效率关系进行规范分析,建立理论模型,提出控股股东及最终控制人行为与公司治理效率关系的假设。

② 实证研究。选择样本与数据,分析我国上市公司控股股东与最终控制人的行为特征,对提出的假设进行检验,解释我国证券市场上的上市公司频频违规现象,发现控股股东与最终控制人行为影响上市公司治理效率的机理,提出有效治理上市公司违规行

为、提高公司治理效率的政策建议。

本研究的技术路线图如图 1-1 所示。

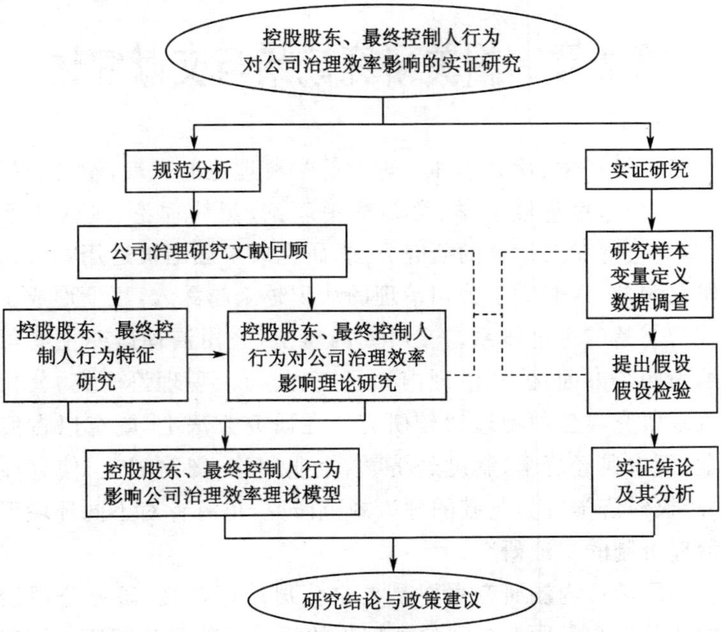

图 1-1　本研究技术路线图

第2章 相关研究成果与文献综述

随着经济学、社会学和心理学等学科理论的发展，新的分析工具不断出现，信息经济学、交易费用理论、契约理论、现代企业理论、博弈论等相关学科的研究方法、研究成果逐渐被运用到公司治理研究领域，人们对于公司治理的认识越来越深入，逐渐形成了一个较为完整的理论体系。在研究内容上，公司治理研究主要可以归纳为四个方面：公司治理内涵研究、公司治理理论研究、公司治理机制研究与公司治理比较研究。在研究方法上，既有以古典经济学、新古典经济学、制度经济学、企业理论、契约理论、信息经济学、产权经济学等为基础的理论规范研究，也有针对不同环境下公司治理机制的实证研究。

公司治理内涵研究主要是界定公司治理含义，研究公司治理本质及其核心问题。公司治理理论的研究主要是从理论上探索公司治理研究基础，为公司治理实践提供理论依据。学者们先后提出了最具经典意义的是"古典管家理论""委代理理论""利益相关者理论"等。古典管家理论认为，信息是完全的，在这一假设前提下，尽管所有权和经营权分离，但是并不会产生代理问题，公司治理应该坚持"股东利益至上"，经营者就是受雇于所有者(股东)的"管家"；委托代理理论认为，为了解决公司存在的"代理问题"，需要建立针对经营者的激励和约束机制，降低所有者和经营者的利益冲突，实现所有者利益最大化；利益相关者理论是近年来新出现的公司治理理论，这一理论认为，公司是一个系统，这个系统组成需要很多不同的要素供给者(资本、土地、劳动等)，这些要素供给者对于公司有着各种利益诉求，他们也是公司的利益相关者，公司经营的最终目的应该是为“利益相关者”创造财富，应当让利益相关者分享公司所有权并参与公司治理；制度理论认为，股份公司的决策机构——董事会，其组成人员实质上由公司章程等公司组织规范、法律法规等其他社会规范为主的制度化规范所决定。目前被广泛接受的是委托代理理论和利益相关者理论。公司治理机制研究主要集中在公司治理内部机制、外部机制与公司绩效关系的实证研究上，重点分析不同治理机制与治理结构对公司绩效的影响。比较公司治理研究主要是对世界上普遍存在的公司治理模式进行比较，重点比较英美模式、大陆（德国/日本）模式与东亚模式，研究不同国家公司治理模式发展趋势，试图探求“最佳的公司治理结构模式”，使不同国家在公司治理基本原则、要求和框架方面达成一些基本共识。

这些研究从不同角度对公司治理进行了探讨，初步形成了公司治理的理论体系（见图 2-1），客观上也为完善各国公司治理做出了贡献。但是，20 世纪 90 年代亚洲金融危机的爆发以及 2001 年发生的美国安然公司事件等一系列世界著名公司丑闻事件，引发了人们对公司治理问题前所未有的关注与探讨。世界经济合作组织（OECD）等国际组织和一些国家相继发布了新的公司治理规范。国内外学者们对公司治理的研究进一步深入，拓宽了研究领域，取得了一些新进展。这些新进展主要表现在：公司治理效率与公司治理评价、大股东与中小股东代理问题、行为公司治理与公司治理文化等方面的研究。

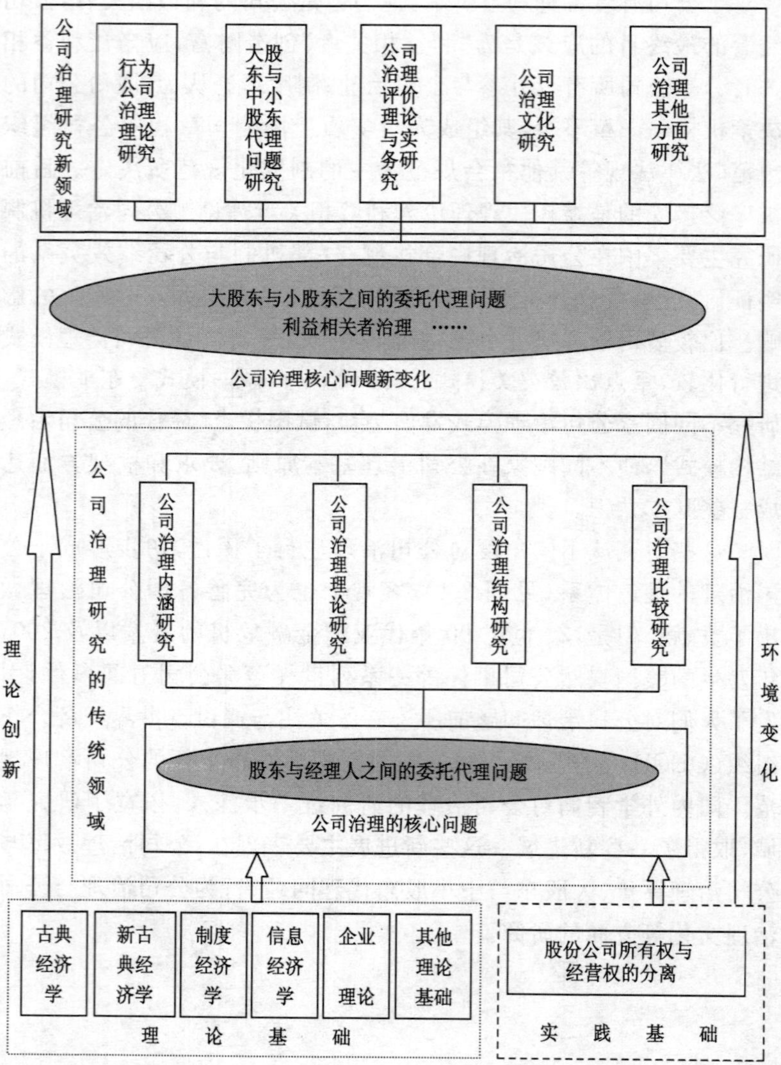

图 2-1　公司治理研究领域框架图

2.1　公司治理效率与公司治理评价的研究[23]

随着金融危机爆发和公司丑闻不断出现，公司治理成为人们关注的热点。人们开始关心："公司治理的效率是什么""公司治理效率怎么衡量""什么样的公司治理才是有效的""哪些因素在影响公司治理的效率"等问题。当前，公司治理理论、公司治理准则等研究已经取得丰富成果和重大进展，公司治理研究焦点正在逐渐转向公司治理效率和公司治理评价两个主题。学者们对这两个主题的研究既有规范研究，也有实证研究，但是相对而言，对于公司治理效率侧重于规范研究，对于公司治理评价则侧重于实证研究。[24]

2.1.1　公司治理效率研究

关于公司治理效率研究，国内外学者的研究主题主要集中在三个方面：一是公司治理效率内涵的研究；二是公司治理成本的研究；三是公司治理效率测度指标的研究。

(1) 公司治理效率内涵研究

一般来说，不同的公司治理模式，有不同的公司治理效率。即使是相同的公司治理模式，在不同的国家和地区的公司治理效率也不相同。公司治理效率通常用是否达到治理目标衡量。公司治理效率本质上属于制度效率范畴。公司治理作为一种制度安排，其存在的最终目标应是解决"两权分离"导致的"代理问题"，因此治理效率的核心是公司治理解决"代理问题"的效率，表现为公司处理各种经营事务，应对公司复杂多变的内外部环境，防范和抵御各类风险的投入产出比，最终实现公司持续经营与不断发展壮大，实现利润增长、股东价值最大化与公司价值的增长，满足利益相关者的利益诉求。与公司治理效率相关的还有公司治理结构、公司治理原则、公司治理机制等，与公司治理效率不同的是，这些都是实现治理效率的方式。

从已有文献来看，国外学者倾向于用“好或坏”来描述公司治理优劣。Shleifer 和 Vishny(1997)认为，一个治理效率高的公司的治理机制就是“好的治理机制”，效率高的公司治理能够为投资者获取投资收益提供保证。[17] Tirole(2001)则认为，“好的治理机制”效率较高，而且在高管人员选任中能选择“最佳管理层”，并且建立适当的机制以使得高管层对资金提供者承担责任。[25] 但是，自 Freeman(1984)较早地提出了公司治理的“利益相关者理论”，并建立了相关理论框架，由此引发了公司治理的“股东至上理论”与“利益相关者理论”之间的争论，这主要是由于对公司治理服务对象的理解不同而造成的。在这两种不同的理论下，公司治理的服务对象不同，评价公司治理好坏的标准也不同。[26]

与公司治理研究的其他方面不同，国内学者相对于国外学者更热衷于公司治理效率的研究。郑红亮(1998)认为，公司治理效率与代理成本有关，所谓有效率的公司治理，就是利用一套制度安排最大限度地降低代理成本，表现为股东如何以较低的代理成本有效地控制和监督管理层行为的问题。[27] 宋冬林等学者(2002)首次提出“治理效率”的概念，并且认为高效率的治理才是公司治理的最终目的，因此治理效率是衡量公司治理结构合理性的恰当标准。特定的治理结构只是实现一定治理效率的手段。治理效率基本上应包含如下两层含义：一是结构性效率，是因整体协调而产生的制度效率，更强调制度组织的有效性；二是适应性效率，是一种动态性效率，即企业对内部、外部环境变化的适应性。适应性效率和结构性效率不是截然分开的，结构性效率是适应性效率的基础。[28] 刘汉民(2002)认为，治理效率不仅包含股东价值最大化目标的实现程度，还应当考虑治理成本。[29] 曹细玉等(2002)认为，公司治理效率可以从公司治理目标实现的程度来确定。公司治理的主要目标是监督和制衡经营者，实现包括股东在内的多方利益相关者的效益最大化。完整的公司治理效率评价体系应该包括公司治理态势指标。[30]姚伟等(2003)认为，一个理想的公司治理机制可以实现对经理人的激励与约束功能。[3]周清杰(2003)[32]、严若森(2005)[33]认为，公司治理效率主要体现为：在既定的制度背景下，治理机制能在多大程度上降低各利益主体的治理成本，使这些主体获取最大利益应当是治理效率的本源。陈晓蔚(2006)认为，公司治理的问题就是如何使得治理成本最小化和治理收益最大化。[34]陈赤平(2006)认为合作效率是公司治理效率的核心，合作效率分为内部合作效率、外部合作效率。内部合作效率指企业在内部协调的基础上形成正确的决策、纠正错误决策的效率；外部合作效率指企业组织与市场中的其他经济主体间的协作效率。[35]范如国和张明山(2006)从复杂性科学理论角度，对我国企业制度系统演化中的低效率状况及存在的问题进行了分析。[36]桑士俊等(2007)在对公司治理成本的概念进行了界定与分类的基础上，对公司治理机制、公司治理系统与公司绩效之间的关系进行了分析，认为由于最小化公司治理成本与最大化公司价值构成一组对偶问题，无论从成本、收益还是价值的角度，公司治理效率都可以等同于治理机制与公司绩效之间的关系。[37]王德武等(2008)将公司治理有效性的研究划分为三个阶段：公司治理绩效及公司治理溢价研究、公司治理效率研究、公司治理的有效性研究，对公司治理效率的理解可以从公司治理机制的有效性来判断。[38]

从上述文献的综述可以看出，在国外，学者们关注于公司治理的“好或坏”，而并不关注公司治理效率本身的内涵，而“好或坏”的标准则因为公司治理服务对象的不同而不同。在国内，学者们关注公司治理效率的研究，不同学者从各自研究角度和理论依据出发，对公司治理效率内涵进行了界定。多数国内学者将公司治理效率默认为公司绩效，也有学者提出了不同的观点，认为：公司治理效率就是公司治理机制的有效性,公司治理效率包含结构性效率和适应性效率,公司治理效率是一种合作效率,一套有效率的公司治理制度能够使得特定主体的收益最大化以及治理成本最小化。

(2) 公司治理成本研究

从公司治理效率内涵研究可以发现,公司治理成本是体现公司治理效率的关键因素。近年来,借助于制度经济学、交易费用经济学等理论,公司治理成本逐渐得到深入研究,并成为公司治理研究的焦点问题之一。

在国外,Willamson(1985)最早提出治理成本问题,对内部组织的治理成本与外部市场的治理成本进行了比较,其治理成本的范围主要是以交易成本为主。[39] Hansmann 在 1996 年就对治理成本的范畴做了界定,把治理成本看作是一种所有权成本。[40] Dietl(1998)认为,治理成本是由于委托人与代理人(投资者和经营者、大股东与小股东)利益目标相冲突而导致的经济损失,是公司治理的必要支出。[41] Jurgen Ruland(2002)通过对欧盟国家的研究,发现多地区合作将引致治理成本提高。[42] Wolfgang Weigel (2003)从企业内外部相关主体关系角度研究界定治理成本,包括交易成本、代理成本、组织成本、执行成本等。[43]

在国内,李维安和武立东(1999)最早提出治理成本概念,他们认为治理成本是维持公司治理有效运作而发生的成本,主要包括治理的组织结构成本以及组织协调成本。[44] 张维迎(1996)[45]、朱羿锟(2001)[46]、刘汉民(2002)[29]从委托代理关系角度界定治理成本的组成,包括控制经营者的成本、集体决策成本、监督成本、激励成本、信息披露成本等。孙国强(2003)从网络组织的治理成本管理角度研究界定治理成本的范围,包括协调成本、妥协成本、刚性成本、传播成本、整合成本、维护成本等。[47] 周清杰(2003)认为影响公司治理效率的成本主要包含以下四项内容:治理的交易成本、代理成本、治理结构的组织成本和遵循成本。[32]郑浩和王欣(2008)认为，公司治理成本是指在进行公司治理过程中所发生的各种费用支出，是在治理过程中企业的一种必要投入，主要包括公司的监督成本、激励成本、代理成本(经理人代理成本、大股东代理成本)、信息披露成本、利益相关者成本和集体决策成本。[48]桑士俊等(2007)认为公司治理成本是指为进行公司治理活动所付出的各种支出，以及由于公司治理机制设计及运行不当造成的价值损失，包括公司治理费用、公司治理价值损失，公司治理目标就是最小化上述治理成本之和。[37]刘红霞和刘敏(2006)分析了治理成本与代理成本、交易成本之间的关系，认为公司治理成本分为公司治理机构的组织成本、总代理成本和协调决策成本三大部分，与非家族企业相比，家族企业治理成本的特征主要体现在代理成本相对较低，决策成本和协调成本随着企业的发展而不断增大等方面。[49]严若森(2005)认为，公司治理成本即公司治理发生的成本，其主要内容由以下几个部分组成：治理主体的交易成本、代理成本、第二类代理成本、治理结构的组织成本、市场治理成本、服从成本、政府的治理成本、制度摩擦成本等。[33]

从学者的观点可以看出，公司治理成本是公司治理过程中发生的各种费用，在这点上学者们的观点相同。但是，对于公司治理成本的内容、范围与构成，不同的学者提出了不同的观点。

(3) 公司治理效率测度指标研究

公司治理效率除了需要体现恰当的治理目标导向外，还应当具有良好的可计量性与可管理性。在公司治理效率内涵研究的基础上，学者们进一步研究了如何计量公司治理效率，也就是公司治理效率测度指标研究。

在国外，公司治理效率的具体测度指标研究文献很少。Volpin(2002)发现，现有的文献基本采用两种方法对公司治理机制的效率进行检验，一种方法是考察高级管理人员变更与公司业绩的相互关系,另外一种方法则是检验公司业绩是否优于其他同类公司。[50]

在国内,刘汉民(2002)认为衡量治理效率的标准是治理成本的最小化或治理主体收益的最大化。[29]罗进(2003)从内部监控机制、外部监控机制和经营激励机制运作效率以及经营业绩等四个方面对中国上市公司治理效率状况进行了综合评价。[51]唐清泉(2004)研究了中国、日本和美国文化背景对不对称信息流动的影响及由此而对公司治理效率产生的影响。[52]封文丽和田平凤(2005)提出了成本收益法分析治理效率。[53]邵国良和王满四(2004)认为,公司治理效率可以用治理成本的最小化或治理收益的最大化来表示。治理成本包括监督成本、激励成本、信息披露成本、市场监管成本等。[54]严若森(2005)认为,公司治理效率的提高应该基于公司治理环境的整体优化以及在此之中的公司治理机制的逐步完善。公司治理效率最优化问题即等价于公司治理成本的最小化。公司治理效率实质在于:在既定的公司治理环境中,公司治理机制能够在多大程度上降低公司治理的成本并同时获得多大的公司治理收益,公司治理效率的最优化问题即在其他条件既定之下的公司治理成本最小化或公司治理收益最大化的求解。[33]郑浩和王欣(2008)认为公司治理的绩效主要是指治理的效率和效果,即判断治理效率的高低和治理效果的好坏,公司治理机制的功能与目标就是在公司绩效最大化时如何做到公司治理的成本最小化。[48]徐传谌等(2008)认为,公司治理效率=max(治理收益－治理成本)。其中治理成本包括治理主体的交易成本、代理成本、第二类代理成本(内部股东与外部股东之间的代理成本)、治理结构的组织成本、市场治理成本、服从成本、政府治理成本、制度摩擦成本等八个方面的内容。治理收益指因这些成本的投入而导致的企业收入的增加量,具体应该包括除去因货币资本和工人劳动力投入所产生的正常收入之外的全部收入。[55]王化成等(2008)认为,公司业绩、企业价值等同于公司治理效率，在比较利润类、价值类与平衡类评价指标的基础上，提出用经济增加值(Economic Value Added，EVA)作为衡量公司治理效率的指标更为合理。[56]

综上所述，公司治理效率高低问题的实质在于在既定的公司治理环境及其变迁中，公司治理机制能够在多大程度上降低公司治理的成本并同时获得多大的公司治理收益，公司治理效率的最优化问题即在其他条件既定之下的公司治理成本最小化或公司治理收益最大化的求解。从以上学者们的观点可以看出，公司治理效率的测度指标有：公司绩效、公司治理成本、公司治理收益、公司价值，也可以同时运用这些指标综合计量公司治理效率。

2.1.2　公司治理评价研究

随着资本市场的发展，亚洲金融危机、美国次贷危机等重大事件的发生，以及安然公司、世通公司等公司丑闻的出现，公司治理越来越受到国内外社会各界的重视，公司治理的好坏成为人们关注的热点问题，公司治理评价的研究与实践得到了发展。在公司治理的基础理论研究、公司治理原则与应用研究的基础上，国内外学者与研究机构开展了一系列公司治理评价系统与治理指数研究，既有对营利组织的治理评价，也有对非营利组织的治理评价，受到学术界的重视(Christian，2004)。[57]公司治理评价研究主要集中在建立对现有公司治理状况(尤其是上市公司)进行评价方面，研究人员可以分成两类：一类以学者为主，主要对公司治理评价指标体系及其有效性进行实证研究；另一类以资本市场中介类机构为主，建立了不同的公司治理评价系统。

(1) 公司治理评价的理论研究

公司治理评价的理论研究主要集中于公司治理与公司价值之间关系的研究。目前关于公司治理水平以及企业价值之间关系的研究有了很大的发展。中国公司治理的问题也引起了海内外学者的兴趣。国内外已有学者从不同的角度探索了公司治理机制和公司治理水平对公司业绩和公司价值的影响。

在国外,目前关于公司治理水平以及企业价值之间关系的研究有了很大的发展,方法手段日趋成熟。国外的研究主要有以下几个方面:一是对公司股权结构与公司价值关系的研究(Berle 和 Means[2],1932;Lloyd 等[58],1986;Leech 和 Leahy[59],1991);二是对公司 CEO、董事长设置与公司市场价值关系的研究(Donaldson 和 Davis,1991);[60]三是对公司治理与公司价值关系的研究,Morck 等(1988)[61]、Kaplan(1989)[62]等学者的研究结果表明:公司治理与公司价值具有关系密切。Jensen(1993)[63]、Yermack(1996)[64]、Nikos(1999)[65]等研究发现,董事会治理行为、独立董事参与治理与公司业绩、公司价值正相关。Beiner 等(2006)[66],Gompers 等(2003)[67],Black 等(2006)[68],Hiraki 和 Ito(2009)[69]等学者通过对德国、韩国、日本、瑞士、美国等国上市公司的实证分析,验证了公司治理水平和企业价值正相关的结论。Klapper 和 Love(2004)[70],Kim 和 Durnev(2005)[71]对新兴市场国家的研究发现,利用 CLSA(亚洲里昂证券)对公司的评分代表公司治理质量的水平,发现法律体系不很完备条件下公司治理对公司价值有更大程度的影响,治理较好的公司拥有更高的价值。Laeven 和 Chhaochharia(2009)对全球 23 个国家的研究也得出了公司治理有效性的经验结论。[72]

在国内,中国证券监督管理委员会(简称"证监会")于 2002 年发布了《上市公司治理准则》,中国制度环境下公司治理和企业价值之间的关系引起了海内外学者的研究兴趣。孙永祥和黄祖辉(1999)研究了股权集中度及其构成与公司业绩之间关系。[73]许小年和王燕(2000)研究了公司股权结构与公司业绩、公司价值之间的关系。[74]Tian 等(2002)对股权结构和企业价值关系进行了研究，发现在企业价值和政府持股之间确实存在着 U 形曲线关系。[75] Bai，Liu 等（2002）对公司治理综合指标同企业价值关系进行了研究，发现中国上市公司治理和企业价值之间存在着正相关关系。公司治理综合指标包括内部公司治理机制（董事会、经理人报酬、所有权结构、财务透明度及适度的信息披露等）、外部公司治理机制（公司控制市场、法律基础设施和对小股东的保护、产品市场上的竞争等）。[76] 潘福祥（2004）[77]、白重恩等（2005）[78] 分别构建了公司治理评价标准和治理指数，并在此基础上对公司治理有效性问题进行了实证研究。李维安教授领衔的南开大学公司治理评价课题组（李维安等，2005[79]、2006[80]、2010[81]）在理论研究与长期实证研究的基础上，设计了"南开治理指数"，并以此为平台开展一系列研究。

从以上学者们的研究可以看出，在学术界，学者们从不同方面针对公司治理及其有效性对公司价值的影响进行了规范与实证研究，这为公司治理评价实践的发展奠定了理论基础。

（2）公司治理评价实践的发展

国外公司治理评价实践产生较早。在公司治理理论研究日趋成熟的基础上，评价实践也得到了迅速发展。美国机构投资者协会首先设计了正式的评价董事程序，来满足机构投资者对公司治理状况的关注。最早的公司治理评价系统是 1998 年美国标准普尔（Standard & Poor's）建立的公司治理服务系统。目前国际上许多著名的中介机构，如戴米诺（Déminor）、戴维斯全球咨询（Davis Global Advisors）和亚洲里昂证券（CLSA）等，都推出了自己的公司治理评价体系。总体上来看，公司治理评价试图衡量公司在公司治理方面所达到的水平，提供简洁、可比的决策工具。这些评价系统基本上都以 OECD 公司治理准则等国际上公认的公司治理指引或规则制定为依据，评价指标大同小异。不同公司治理评价系统的本质差别在于指标体系的设置所依据的上市公司的治理环境,即上市公司所处的制度、法律、政策以及市场环境、公司的发展阶段等。

在公司治理综合指标体系构建方面,国内也开展了研究。比较典型的有南开大学公司治理研究中心推出的一套公司治理评价指标体系。该中心李维安教授带领的科研团队,在进行了大量规范与实证研究基础上,设计出了一套衡量公司治理水平的综合评价指标体系并建立"南开大学公司治理指数(Chinese Corporate Governance Index NanKai,$CCGI^{NK}$)",推出了2004~2008年度公司治理指数,推出了中国上市公司治理指数数据库、中国上市公司治理评价报告,该指数体系在国内具有一定的权威性,也得到了市场的认可。裴武威(2001)[82]、吴淑琨(2002)[83]等学者也分别提出了公司治理评价体系。香港大学中国金融研究中心以《OECD公司治理准则》和公司治理理论为基础,通过实证分析归纳了中国市场环境条件下的一套变量来描述公司治理机制,提出了一个衡量公司治理水平的指标——G指标。北京连城国际理财顾问公司于2002年提出中国上市公司董事会治理考核指标体系,推出董事会治理评价。Bai等(2004)等人系统地对中国公司治理指标进行了区分和整理,并建立了自己的指标体系。[76]这些公司治理评价系统的出现,推动了我国公司治理水平的提高和公司治理评价实践的发展。

2.2 大股东与中小股东代理问题研究

Berle和Means(1932)在其发表的公司治理经典著作*The Modern Corporation and Private Property*中指出,股权分散是现代公司产权结构的重要特征。[2]自此股权分散就成为公司治理研究的基本出发点,所有权与经营权分离而产生的股东与经理人之间的代理问题被认为是公司治理要解决的主要问题。但是,近年来股权分散、经营权由经理控制的论断逐渐受到越来越多的质疑。Eisenberg（1976）[84]，Demsetz（1983）[85]，Demsetz 和 Lehn（1985）[86]，Shleifer 和 Vishny（1986）[87]，La Porta 等（1999）[88]学者的研究基本都得到一致的结论：即使在美国等发达国家，大公司股权结构也是适度集中，很多公司都存在大股东，股权分散的结论已经不适用。公司股权的集中，经营者往往代表的是大股东的利益，中小股东无法参与公司的经营活动，这就使得“两权分离”从原来的“所有权和经营权的分离”转变成为“大股东控制权和中小股东控制权”的分离，从而导致“代理问题”也发生了改变，“所有者和经营者之间的代理问题”变成了“大股东或者控股股东和小股东之间的代理问题”，从此开创了公司治理研究新范式。学者们在研究中相继发现，控股大股东凭借其在投票权和控制权上的绝对优势地位，大肆攫取控制权私人收益，掠夺和侵占中小股东利益。现代公司治理的核心问题是“大股东或者控股股东掠夺小股东利益”，而不再仅仅是经营者侵害所有者利益（Claessens 等，2000[89]；Faccio 和 Lang，2002[90]；Cronqvist 和 Nilsson，2003[91]；Holderness，2003[92]）。

在新兴国家，学者们也发现有两类代理问题广泛存在，第一类是主流公司治理研究中所有者和经营者之间的代理问题，第二类则是大股东或者控股股东和小股东之间的代理问题（principal principal agency problem），即大股东与小股东之间的冲突，冲突的结果常常是大股东对小股东财产的侵占（Faccio 等，2001）。[93]与发达国家相比，由于对投资者保护的不足和大股东相对更高比例的股权，第二类代理问题在新兴国家更加突出（Dharwadkar 等 2000[94]；La Porta 等，1998[95]，1999[88]）。这是因为大股东几乎获得了公司的全部控制权，并用它来实现控制权的私人收益（Shleifer 和 Vishny，1997）。[17]

关于第二类代理问题（大股东与中小股东之间的代理问题）的

研究主要集中在三个方面:大股东隧道挖掘研究、控制权私人收益研究和最终控制人研究。

2.2.1 大股东隧道挖掘(利益输送)研究

Johnson 等(2000)最早对“隧道挖掘”(tunneling,也译为利益输送)概念给出定义,他们认为隧道挖掘是指控制性股东从公司转移资产和其他利益的行为。此后国内外关于大股东隧道挖掘的研究开始得到重视。[96]截至目前最新文献,关于大股东隧道挖掘的研究大致可以分成以下四个方面:

(1) 隧道挖掘行为及其后果的研究

国内外学者进行的大量实证研究发现,大股东隧道挖掘行为普遍存在,而且隧道挖掘行为客观上导致了中小股东利益被侵占、资本市场信息不对称加剧、市场资源配置效率低下等不良后果。

在国外,La Porta 等(1999)[88],Claessens 等(2000)[89],Faccio 等(2002)[90]对国际上不同国家和地区的公司股权结构进行了研究,认为现代公司股权结构不再分散,很多公司通常有一个地位突出的大股东或者控制股东。大股东或者控制股东掌握了公司的控制权,并利用这种控制权优势地位谋取利益,即控制权私人利益(private benefits of control)。Bae 等(2002)[97],Clasessen 等(2000[89],2002[98]),Bertrand 等(2002)[99],Lemmon 等(2003)[100]学者对在亚洲一些国家和地区股票市场上市的公司进行了研究,发现大股东隧道挖掘行为广泛存在,中小股东利益受到大股东的恶意侵害。Faccio 等(2001)的研究结论则明确指出,股权集中的情况下,公司治理的核心是防止大股东隧道挖掘行为。[93]大股东的隧道挖掘一方面会使得中小股东的利益受到大股东的侵占,另一方面还会对金融市场,特别是股票市场的健康发展构成威胁。1997 年爆发的亚洲金融危机和 2008 年爆发的华尔街金融危机都证明了这一点。Johnson 等(2000)的研究发现,控股大股东掠夺行为是导致 1997 年亚洲金融危机爆发的罪魁祸首。[96] Morck 等(2000)[101]和 Wurgler(2000)[102]的研究发现,现阶段,证券市场的法律法规体系和监管体制未能对中小投资者的利益进行足够保护,股票价格信息含量降低,资本市场资源配置功能弱化。Modigliani 和 Perotti(2000)发现,由于存在大股东隧道挖掘行为,使得上市公司募集资金投资于有利于公司价值增长、符合利益相关者利益的项目可能性降低,这就会使得公司投资不足。[103] Chung(2001)发现韩国证券市场上隧道挖掘行为与企业股票市场价值存在显著负相关关系。[104] Bertrand 等(2002)认为,隧道挖掘会降低整个经济的透明度、歪曲会计收益数字,使外部投资者很难评价企业财务状况。[99]

在国内,资本市场特别是股票市场建立时间较短,而且国家经济社会制度也处在转型之中,证券市场的监管体制和相关的法律法规体系仍然有待于完善,一方面宏观上缺乏对中小股东利益的有效保护和对大股东利益侵占行为的有效制约,另一方面微观上在公司内部也未能建立起有效制衡大股东权利的公司治理机制,导致大股东隧道挖掘现象普遍存在。唐宗明和蒋位(2002)以国外的研究为基础,对我国上市公司大股东侵害度进行了实证分析,研究发现国内上市公司大股东侵害度远高于发达国家。[105] Jian 和 Wong(2003)通过对国内上市公司关联交易研究,证实了我国存在大股东隧道挖掘行为。[106] Liu Qiao 和 Zhou Lu(2004)研究发现,大股东隧道挖掘是中国上市公司盈余管理的直接动机。[107]李增泉等(2004)研究发现,大股东利用其掌握大公司控制权,运用多种方式进行隧道挖掘,转移或者侵占公司的资产和利润。[108]贺建刚和刘峰(2004)研究发现,大股东存在通过向上市公司出售资产的关联交易进行隧道挖掘。[109] Lee 和 Xiao(2004)研究表明,放弃认购权和配股后的现金股利分配意味着大股东实际上是卖出部分非流通股股票以获得实际利益，现金股利成为大股东隧道挖掘的一种手段。[110]唐清泉和罗党论(2006)指出，大股东通过各种手段来对上市公司进行隧道挖掘，这些隧道挖掘行为一方面危害上市公司的正常经营和持续发展，另一方面对中小股东利益也造成了严重损害。[111] Yan-Leung Cheung(2006)认为关联交易是上市公司隧道挖掘行为的主要表现，并专门对在香港上市的公司关联交易进行了研究，进一步证实了大股东隧道挖掘假说。[112]

(2) 隧道挖掘行为方式与规模度量研究

既然隧道挖掘行为大量存在，而且会产生一些不良后果，那么大股东通过哪些方法和方式进行隧道挖掘？隧道挖掘的程度有多大？国内外学者进一步对这两方面的问题进行了深入研究。

在国外，Johnson 等(2000)[96]，La Porta 等(2002)[113]等总结了隧道挖掘的两种类型：一类是公司资源被转移给大股东，或者大股东的风险被转嫁到其控制的公司，例如：高管薪酬过高、贷款担保、侵占公司发展机会和操纵股利政策等。Bennedsen (2000)[114]，Claessens 等(2002)[98]也有同样发现。另一类是采用特殊的财务安排向大股东转移公司利益，如以低于市场价格回购中小股东股票等。Bae 等(2002)研究表明，兼并收购是韩国公司控股大股东隧道挖掘的一种手段。[115] Faccio 等(2002)研究发现，欧洲和亚洲公司的债务成为控股大股东隧道挖掘的一种手段，如果债权人不能或者不愿意参与公司治理，那么负债在公司治理中的"硬约束"作用就不能有效发挥，大股东反而会利用债务进行隧道挖掘。[90] Leuz 等(2003)通过对国际上不同国家和地区的投资者保护和盈余管理研究发现，盈余管理是大股东隐瞒公司绩效、获取私人收益的手段之一。[116] Gilson 和 Gordon(2003)通过对控制性股东的行为研究发现，隧道挖掘的手段和方式多种多样，大股东可以在不同的方式中进行选择，从而规避法律法规的制裁和监管，不同方式之间可以相互替代，并存在此消彼长的关系。[117]

在国内，谭劲松和郑国坚(2004)的实证研究发现，隧道挖掘是我国上市公司的长期动机，对上市公司进行利益输入，或者从上市公司进行利益输出，都是大股东隧道挖掘的手段，大股东往往会权衡利弊运用上述两种手段，而由于我国现阶段法律法规体系和监管体制的不完善，大股东会选择性披露信息或者最低限度地披露信息，使得自身的挖掘行为更加隐蔽。这些手段包括：关联交易、变更会计政策、不实的信息披露等。[118] 刘峰等(2004)研究发现，上市公司的大股东持有股票比例高的情况下，一般会采用派发高额现金股利、公司间进行关联交易转移资产或利润等方式实现利益输送；反之，一般会采用低价转让股权给大股东或者其控股的关联公司、关联公司相互提供担保、关联公司之间资金无偿或者低价占用等方式实现利益输送。[119] 张光荣和曾勇(2006)的研究也有同样发现。[120] 余明桂等(2006)发现，我国控股大股东会通过盈余管理来进行隧道挖掘并攫取控制权私人收益。[121] Jiang Guohua 等(2010)对我国上市公司的公司间借贷进行了研究，揭示了控股股东与最终控制人从上市公司借款的现象在我国上市公司中大量存在，中小股东利益常常因此而被侵害。[122]

从上面的论述可以看出，隧道挖掘往往隐蔽进行，鲜为人知，其数量、程度等信息都不对外公开，或者披露的信息有限，因此对隧道挖掘行为的度量主要采用间接的方法进行测量。在国外，Hanouna 等(2001)以控制权交易价格和小额交易价格的差额来衡量隧道挖掘规模，分析了西方七国收购案例中控制权交易价格与小额股权交易价格的差异。[123] Bertrand 等(2002)以不同公司对外部收益冲击的反应程度来刻画集团公司内资源流出和计量隧道挖掘的边际值。[99] Nenova(2003)运用上述方法检验了多个国家和地区的隧道挖掘规模，发现隧道挖掘规模最低为零(丹麦)，最高达到公司价值的 50%(墨西哥)。[124] 在国内，对于隧道挖掘程度的度量基本上采用了国外的方法，但是度量结果则因人而异。唐宗明和蒋位(2002)采用上市公司股票转让价格溢价作为度量大股东侵害小股东利益的测度指标,通过计算发现在我国股票市场上市公司隧道挖掘程度不高。[106] 施东晖(2003)采用了 Hanouna 等(2001)的方法对我国上市公司隧道挖掘程度进行了计算,发现大股东隧道挖掘程度平均为 24%,稍高于国际平均水平,得出了与唐宗明等不同的结论。[125] 叶康涛(2003)则结合我国股票市场的实际情况,采用了"非流通股控股股份与非控股股份在转让价差"作为测度指标,对上市公司隧道挖掘程度进行了直接测量。[126] 黄少安等(2005)[127]、邹海峰(2006)[128] 也对我国股票市场上大股东通过偏好股权融资、无偿占用资金、现金股利政策和关联交易等方式侵占中小股东利益等现象进行了实证研究,发现股权融资等对非流通的控股股东有巨大的增值效果。

(3) 隧道挖掘影响因素研究

在国外,学者们从公司治理的制度安排、公司治理环境等方面对隧道挖掘的影响因素进行了研究。一般认为,股份公司应该实行一股一票的简单多数投票规则(也称为"资本多数决"原则),这是最优的公司治理规则。但是西方学者的研究却得出了不同的结论。Grossman 等(1988)对"一股一权(one share-one vote)"制度进行了分析,认为存在大股东的背景下,这种制度对证券持有人(投资者)不利。[129] Harris 等(1988)认为简单多数投票规则,或者其他"多数规则""分类投票规则"都不是社会的最佳安排,这些特定制度安排给大股东滥用控制权提供了便利。如果允许公司发起人发行两种证券:一种有现金流量权而没有投票权,另一种有投票权而没有现金流量权,则这种制度下无论是否采用多数规则,都不是最优的制度安排。[130] Claessens 等(2000)对东亚国家和地区的上市公司进行了研究,发现所有权和控制权的分离严重,大约三分之二的公司为单一家族股东控制,对中小投资者的法律保护不足,家族大股东掌握着公司的绝大多数财富。[89] La Porta 等(2002)建立了一个基于公司价值的控股股东现金流量权和中小股东法律保护效果的模型，并以 27 个富裕国家的 539 家大公司为样本进行了模型验证，发现能够更好地保护中小股东利益的国家，公司价值相对较高，而且控股股东现金流量权更高。[113]资本市场对中小投资者的保护力度会影响大股东的隧道挖掘行为，相对较弱的保护意味着更多的隧道挖掘行为的存在。Denis 等(2003)对除了美国以外的国家公司治理体制进行了研究，认为不同国家法律制度的差异会对大股东隧道挖掘行为产生影响。[131]Morck 等(1988)发现，当经营者同时也是终极控制股东时，经营者从事自利行为的动机增强，对中小股东利益侵占的概率会增大。[61]Shleief 和 Vishny (1997)在其公司治理研究文献的综述中指出，成功的公司治理应该是“大股东扮演着公司重要角色”和“有效的投资者法律制度”的完美结合。否则，掌握公司控制权的大股东则会趋于创造那些不能被中小股东分享的私有收益。[17]Heitor 和 Daniel(2006)研究发现，同一控股股东控制的集团公司下的子公司，大股东侵占可能性会大大提高。当上市公司存在关联关系公司，而且这些公司处于同一企业集团控制之下，外部股东利益被大股东侵占的概率就会特别高。[132]Johnson 等(2000)研究认为，如果企业经营的前景很好，内部人会因要继续进行外部融资而也不会严重掠夺投资者；反之，内部人为谋求短期利益会加重对投资者的掠夺。[133]Faccio 等(2001)研究发现，大股东紧密控制的公司会派发高股息以免除投资者的忧虑，而非紧密控制的公司往往减少股息以利大股东隧道挖掘，可见投资者对大股东挖掘行为的关注会影响大股东隧道挖掘行为。[93]Kim 和 Durnev(2005)通过对 27 个国家和地区的公司研究发现，对投资者法律保护力度的不同造成了公司治理效率的不同，公司信息披露透明度要求较高，而且公司外部融资需求较大，则大股东侵害中小股东利益的程度较轻。[71]

在国内，唐宗明和蒋位(2002)研究发现，我国上市公司的股权高度集中且非流通股大量存在，这种股权结构必然导致大股东侵害中小股东利益的行为，隧道挖掘程度比发达国家高出很多。[106] 叶银华等(2002)以台湾地区的上市公司作为样本，研究发现，控股股东的控制权与现金流量权的差异程度越大，控股股东派出人员担任公司重要管理职位越多，公司之间的关联交易频频发生，大股东利益转移越严重。[134] 李增泉等(2004)对上市公司的资金占用行为进行了研究，发现控制权的实现方式、大股东产权性质是影响资金占用行为的重要因素，具有"国家、国有、政府"背景的大股东占用上市公司资金比例高于不具有类似背景的大股东，持股比例较高的大股东占用公司资金随其持股比例的提高而降低，持股比例较低的则正好相反。[109] 刘峰和贺建刚(2004)研究发现，我国上市公司大股东不仅仅是存在"利益侵占效应"，大股东之间还存在"利益趋同效应"，隧道挖掘与股权集中度之间存在显著的 U 形关系，影响隧道挖掘行为的不仅仅是股权结构，还包括股权性质、收益预期和公司业绩。[135] 唐清泉等(2005)研究发现，其他大股东能起到抑制第一大股东隧道挖掘的作用。[136] 王斌和何林渠(2008)研究发现，国有控股上市公司控股股东派出董事比例与剥夺行为发生概率正相关，股权集中度并不是影响剥夺行为是否发生的显著因素。民营控股上市公司剥夺行为发生的概率与控股层级正相关、与两权分离度负相关。[137]

同济大学—上海证券(联合)课题组(2002)研究发现，由于缺乏外在制度性约束，我国大股东侵占上市公司资源是控股股东的必然选择。[138] 刘峰等(2004)认为，我国对中小股东利益保护较弱，且大股东市场约束机制尚未建立，加剧了大股东的利益输送行为。[119] 万俊毅(2005)通过对我国小股东权益保护研究发现，现阶段我国法律制度未能抑制大股东隧道挖掘行为。[139] 张晖和赵涛(2005)通过比较不同的大股东侵害小股东利益模式，认为要保护小股东利益，需要债权人积极参与公司治理。[140]

(4) 反向隧道挖掘(即:支持行为)研究

“支持”(propping)一词最初来源于 Friedman 等(2003)的一篇名为《支持和隧道挖掘》(*Propping and Tunneling*)的论文中,他们将“支持”(亦称反向隧道挖掘)定义为控股大股东将私人资源或者利益转移至公司中的行为。[141] 按照 Friedman 等人的观点,在上市公司中,大股东的隧道挖掘行为和支持行为同时存在,大股东一方面采取隧道挖掘侵占或者转移公司利益,另一方面也会采取支持行为向上市公司进行利益输送而使小股东受惠。

在国外,Johnson 等(2000)研究发现,控股大股东隧道挖掘动机与反向隧道挖掘或支持动机并存,大股东支持行为的目的在于保持今后剥削小股东和得到合法的分享收益选择权。[133] Friedman 等(2003)认为在一定情形下最终控制性股东也会对企业利益输送,利益输送的目的可能是未来的利益抽取,单纯利益抽取不能解释理性的小股东在金字塔结构中的收益。[141] Polsiri 和 Yupana(2004)以泰国上市公司为样本,研究了在金融危机时期大股东的行为,发现通过金字塔形式实现控股的企业集团,其大股东具有较高的隧道挖掘与支持的倾向,而非金字塔式企业集团内的债务则会增加大股东支持的可能性。[142] Riyanto 和 Toolsema (2008)研究了金字塔结构与隧道挖掘和支持行为的关系,认为金字塔结构为外部股东(即中小股东)提供了避免公司破产的一种“保险”,大股东的利益侵占行为就是外部股东因此而付出的代价,支持行为则是大股东为了避免公司破产而进行的对上市公司的利益输送。[143]

在国内,张伟(2005)[144]、裴红卫等(2005)[145] 的实证研究发现,我国上市公司大股东隧道挖掘和支持行为同时存在,同时也验证了 Friedman 等(2003)的观点。李增泉等(2005)的实证研究表明,当公司需要进行配股或者避免长期亏损时,公司并购活动或者其他资产重组对于提高公司会计利润作用显著,是常见的大股东支持行为;反之,当公司既不需要配股筹资而且也无须担忧股票被“ST”(特别处理股票)时,公司并购活动或者其他资产重组则会成为大股东利益转移的工具,中小股东利益受损,公司价值降低。[146]郑志刚(2005)研究发现,对隧道挖掘行为与支持行为和资产回报率差异等因素的综合考虑,是金字塔结构能够在新兴市场盛行的原因。[147]马忠和陈彦(2008)认为控股股东的盘踞效应与利益协同效应均可能存在,通过实证研究现:最终控制权相对较弱时,最终控制性股东有动机提高企业价值,并与其他大宗股东分享收益;终极控制权处于相对较强的区间时,最终控制性股东存在谋求控制权私利的动机,形成与小股东之间代理冲突,并使最终控制性股东显现盘踞效应。[148]

2.2.2 控制权私人收益研究

控制权私人收益与大股东隧道挖掘行为是紧密相关的研究领域。获取控制权私人收益被认为是大股东隧道挖掘行为的主要动机之一。这方面的研究主题集中在两个方面:一是在控制权私人收益的内涵和表现形式;二是控制权私人收益计量方法。

(1) 控制权私人收益的内涵和表现形式

近年来,国内外很多学者对控制权私人收益给出了不同的定义。较早研究控制权私人收益(private benefit of control rights)的是Jensen和Meckling(1976),在其公司治理研究的经典文献*Theory of the Firm: Managerial Behavior, Agency Costs and Ownership Structure*中,他们对代理理论、产权理论和融资理论进行融合,提出了企业股权结构理论,定义了代理成本的内涵,给出了企业的新概念,从理论上揭示了控制权私人收益的存在,认为经营者会利用其实际控制权谋取私人利益,这些私人利益有些能够用货币衡量(在职消费等),有些则无法用货币衡量(职业声誉等)。[3]Grossman和Hart(1988)在其研究中首次采用“控制权私人收益"一词，并对其内涵做出了界定，认为控制权私人收益是指一种货币收益，是拥有控制权的大股东、经营者利用其优势地位获取的收益，这种收益具有独占性、不可转让性。[129] Harris 和 Raviv (1988)[130]，Aghion 和 Bolton(1992)[149]的研究则认为控制权收益是指经营者或者企业控制人所独享的精神收益，不能用货币衡量。Bebchuk 和 Roe(1999)的研究也认为，大股东独占控制权收益，而且控制权收益就是对中小股东利益的侵占。[150] Barclay 和 Holderness(1989)[151]，Coffee(2001)[152]认为，经营者超高的报酬、对所控制的公司法人财产的转移都是控制权私人收益的表现形式。Mueller(2003)[153]，Holderness(2003)[92]的研究认为，职业声誉、社会地位等与公司控制权紧密相关的非货币收益也是控制权私人收益的重要表现。Dyck 和 Zingales(2004)的研究认为，控制权私人收益包括了公司经营者、大股东依赖控制权而获得的私利，并且这种利益只能为他们所独享，中小股东不能与之共享。[154] Denis 和 McConnell(2003)[131]以及 Morck 等(2004)[155]认为，通过侵害中小股东利益来攫取控制权私人收益，是控股股东掌握公司控制权的主要目的之一。

在国内，一些学者借鉴国外的研究成果，也对控制权私人收益的内涵进行了界定，并对其表现形式进行了研究和分析。许多学者也对控制权收益进行定义，并对控制权收益的表现形式进行了探讨。洪功翔(2001)的研究认为，控制权私人收益有显性、隐性之分。显性收益以货币性收益为主，主要是增加了大股东或者经营者的经济收入；隐性收益不易被发现，信息披露不充分，中小股东所获得的信息不多，以非货币收益为主，例如：职位、荣誉等。[156]谭劲松(2003)对控制权收益进行了研究，认为控制权收益并非大股东所独享，它包括两个部分，一部分是法律法规的现金分红以及股票价格上涨等收益；另一部分是不符合法律法规规定的收益，例如大股东利用其控制权优势地位以及掌握的公司内幕消息非法买卖公司股票获取的收益等。[157]施东晖(2003)的研究强调了大股东控制权私人收益的独享性特征,这种收益包括物质收益和精神收益。[125]叶康涛(2003)认为,公司控制权的私有收益是隐性的,而且仅指隐性收益。[126]刘少波(2007)对大股东侵害小股东利益做出了新的理论解释,他认为控制权收益不能简单地看作是大股东侵害中小股东的行为,实质上控制权收益来源于大股东运用控制权积极参与公司治理,使得公司绩效改善,公司价值的增加。而大股东获得和运用控制权需要付出相应的成本,控制权收益是对这部分成本的补偿,而非大股东对中小股东利益的侵占。[158]

当前对控制权私人收益实现途径的研究,主要集中在对货币收益的实现途径——隧道挖掘和构建金字塔(pyramid)的研究。La Porta 等(1999)[88]和 Claessens 等(2002)[98]研究认为,通过金字塔式的所有权结构,控股股东与最终控制人(大股东)可以实现其现金流量权和控制权的高度分离("两权分离"),进而获取控制权私人收益,增加现金流量权比例,降低"两权分离"的程度,可以有效限制其利益转移和侵占。Reese 和 Weisbach(2002)对不同法律体系对中小股东权益保护进行了比较研究,发现大陆法系背景下对小股东权益保护比习惯法系背景下较差,大陆法系背景下的大股东往往采用交叉持股实现其现金流量权和控制权的分离,获取更多的控制权私人收益。[159]Bertrand 等(2002)对印度的企业集团进行了研究,发现这些企业集团通过金字塔控股结构、交叉持股实现对上市公司的控制,并利用其控制权转移上市公司资源和利润。[99]Edwards 和 Weichenrieder(2004)研究认为,大型上市公司的股权集中广泛分布在世界各地。他们以德国的上市公司作为研究对象,发现大多数类型的最大股东的存在对少数股东的有利影响超过了对其不利影响,但是当最大股东不是银行或者公共部门机构时,证据显示大股东的存在对少数股东的不利影响将更大。[160]他们的研究结论与一些学者研究结论不同。王鹏和周黎安(2006)认为控制权的激励效应与侵占效用并存,通过对我国股票市场的研究发现,在我国上市公司中也存在金字塔这种所有权结构,而且大股东的利益侵占居于主导地位。[161]另外,通过金字塔式的所有权结构安排,公司间相互持有股权、双重股权结构也是实现控制权和现金流量权分离的具体方法(La Porta 等,1999[88])。

(2) 控制权私人收益的计量

从控制权私人收益内涵与表现形式来看,控制权私人收益是与控制权紧密相关,并由大股东或者控股股东独享的额外收益,是对中小股东利益的侵害和侵占。这种收益到底有多大?对中小股东利益的侵害有多深?侵占了多少中小股东的利益?这涉及控制权私人收益的计量。

在国外,一般采用两种方法来间接度量控制权私人收益,一种是通过大宗股权转让(控制权转让)溢价测量,另一种是通过投票权溢价来度量。Barclay 和 Holderness(1989)认为,控制权私人收益可以通过控制权溢价来衡量,控制权溢价就是拥有控制权的大股东或者控股股东在转让控制权(即大宗股票买卖)时,转让一方的股票价格高于不具有控制权的股东股票转让价格,具体采用转让价格和市场交易价格的差价衡量。这种计量方法假设:拥有控制权的股东依赖其控制权能够获得独享利益,其股权转让价格会因此而产生溢价。[151] Zingales(1995)[162],Nenova(2003)[124]均采用了投票权溢价来度量控制权私人收益水平。投票权溢价就是投票权不同而现金流量权相同的股票交易差价。Nicodano 和 Sembenelli(2004)的研究对 Barclay 和 Holderness(1989)提出的方法进行了修正,引入了"控制权发生转移的概率"。[163] Dyck 和 Zingales(2004)的研究认为,直接计量控制权私人收益非常困难,通过引入"谈判力系数"来对上述估计方法进行了修正。当那些获得控制权私人收益的行为很难被发现或者证实时，外部股东无法通过法律补偿因此而受到的损失，这种情况下大股东才会采取控制权私人收益的行为。[154] Roosenboom 和 Schramade(2006)则认为，他这一方法强调控制权私人收益中的货币收益部分，忽略了非货币收益，低估了控制权私人收益。[164]

在国内，股票市场上不存在投票权不同的股票，控制权的获得往往通过协议转让、拍卖等方式进行，这就无法计算投票权溢价，也就不能通过这种方法间接计算控制权私人收益。这些特征使得我国上市公司控制权的私人收益度量更为复杂。因此，国内学者对于控制权私人收益一般采用大宗股权转让价格溢价进行度量。唐宗明和蒋位(2002)的研究采用了国有股和法人股在转让过程中相对于股票市场价格的溢价计量大股东控制权私人收益的大小。[106]施东晖(2003)对我国股票市场上的控制权价值进行了计算，采用的是拥有控制权的股票价格与中小股东股票交易价格的差额作为测度指标。[125]叶康涛(2003)的研究中采用的方法与上述方法不同，他没有简单地采用大宗股权转让价格溢价，而是把大宗股权进一步细分为“具有控制权股份”和“不具有控制权股份”两类，这两类股份转让价差作为控制权私有收益测度指标。[126]韩德宗和叶春华(2004)的研究采用的是 Dyck 和 Zinglaes(2004)的修正模型，但是其对非流通股票的价值采用了每股净资产作为测度指标。[165]赵昌文等(2004)[166]、齐伟山和欧阳令南(2004)[167]的研究都首先界定了拥有控制权的持股比例，并在此基础上通过控制权转让溢价计算了我国股票市场的控制权收益。邓建平和曾勇(2004)用控股股权和非控股股权转让的溢价差来估计我国控制权的私人收益。[168]针对我国股票市场特殊性，Bai 等(2002)[169]，刘睿智和王向阳(2003)[170]等学者提出了计算控制权收益的“ST 公司累积超额收益率法”。

2.2.3　最终控制人、控制权与现金流量权分离的研究

随着控股股东与小股东代理问题(第二类代理问题)研究的逐渐深入,“两权分离”不仅指“所有权和经营权分离”,而且还包含了“控制权和所有权(现金流量权)分离”,“两权分离”被赋予了新的内涵,公司治理从关注控股股东转向关注更为隐蔽的、拥有公司实际控制权的“最终控制人”。

(1) 最终控制人相关研究

最终控制人就是拥有公司终极控制权的自然人或法人。终极控制权,又称为最终控制权,也是对公司的实际控制权,它是最终控制人持有公司股份的总和,包括直接持有和间接持有。最终控制人也称最终控制股东、终极控制股东、最终控制人或实际控制人。

在国外,Shleifer 和 Vishny(1997)[17],La Porta 等(1998)[95]等研究发现,在大多数国家存在着最终控制人,通过金字塔持股或交叉持股方式进行控制。La Porta 等(1999)较早研究了终极控制权问题,他们沿着公司的控制权链条追溯公司的最终控制人,并对最终所有者进行了分类,将最终所有者的形态分成 5 种类型:家族或个人、政府、金融机构、股权分散、其他(如合作社等)。[88]他们以 20%投票权为划分标准,对 27 个国家和地区的大型上市公司最终控制人进行了研究,发现除美国、英国和日本以外,大部分国家的上市公司都存在最终控制人(股东),而且家族控制广泛存在。Claessens 等(2000)的研究也发现东亚地区的上市公司家族控制现象严重。[89]Faccio 和 Lang(2002)对欧洲的上市公司股权结构进行了研究,发现除英国外,最终控制人为家族的上市公司比例一般为 50%。[90]Cronqvist 和 Nilsson(2003)通过对瑞典上市公司控制性少数股东(拥有控制性投票权而现金流量权很低)代理成本的实证研究,发现具有家族背景的控制性股东会明显降低公司价值,

意味着更高的代理成本。[91] La Porta 等(1999)[88],Claessens 等(2000)[89]分别对世界上不同国家和地区的股权结构和控制权与所有权的分离进行了研究,发现家族控制越高,公司市场价值越低。Morck 等(2003)研究发现,当上市公司被大股东有效控制时,最终控制人会将资产或者利润转移到他们能够控制的其他公司,这些方式包括不发放现金股利等。[171]

在国内,也有不少学者对最终控制人的性质、特征等进行了研究。为了加强对上市公司公司治理的监管,中国证券监督管理委员会于 2001 年 8 月 2 日、2003 年 12 月 22 日、2004 年 12 月 13 日先后三次发布通知,对上市公司披露有关实际控制人、最终控制人、股权结构和控制权结构等方面的信息做出了规范。随着上市公司实际控制人和最终控制人信息的披露,国内学者对最终控制人的问题也越来越关注。刘芍佳等(2003)通过对我国上市公司的实证研究发现,金字塔型控制权结构在我国股票市场普遍存在,最终控制人通过控制第一大股东实现对上市公司的实际控制,上市公司的代理问题主要表现在最终控制人与小股东之间的代理冲突。[172] 赖建清和吴世农(2004)对我国上市公司最终控制人的现状进行了研究,将上市公司的实际控制人分成两大类:国有控制人和非国有控制人,发现国有股东仍然直接或间接控制了约77.13%的上市公司,非国有股东处于相对控股地位;自然人控制的表决权是现金流量权的 2.35 倍,而国有股东控制的表决权只是现金流量权的 1.072 倍;上市公司实际控制人在董事会中占据的董事席位比例远比它们控制的表决权比例高。[173] 刘芍佳等(2003)[172],叶勇等(2005)[174]的研究得出了一致结论,他们发现对我国上市公司的最终控制人大多数是具有政府背景的法人或者机构,政府甚至直接控制上市公司。相对于直接控制的公司,具有政府背景的法人或者机构间接控制的公司业绩较好。赖建清和吴世农(2005)在其研究中认为最终控制人会影响公司业绩,并提出了衡量最终控制人特征的变量“BR”，BR 是董事会中代表最终控制人利益的董事所占比例与最终控制人持有股份比例之间的差额。[175]孙健等(2005)认为“BR”并没有反映出最终控制人的实际特征，给出了另外一个衡量最终控制人特征的变量“CB”，“CB”是一个相对指标，表示最终控制人所有权、董事会中代表最终控制人利益的董事所占比例二者之间的比值。[176]。夏立军和方秩强(2005)[177]，徐莉萍等(2006)[178]研究发现，上市公司绩效、公司价值与上市公司的最终控制人类型、股权集中度密切相关。谌瑜和李寿喜(2006)分析了上市公司最终控制人的类型及其控制方式，探讨了控制人对公司业绩及资本市场的影响，提出相应监管对策。[179]崔学刚等(2007)研究发现，在非保护性行业中民营终极控制权的上市公司业绩显著高于非民营上市公司，在保护性行业中国有控制权与民营控制权对公司业绩的影响无显著差异。[180]孙健(2008)研究发现，我国很多上市公司中存在着终极控制权，金字塔型控制权结构安排是最终控制人控制上市公司的主要手段，最终控制人借此获取控制权私人收益，具有民营背景的最终控制人上述动机比具有国有背景的最终控制人更加明显，而董事会中设置独立董事确实能抑制最终控制人的掏空行为。[181]

(2) 控制权与现金流量权分离研究

近年来，上市公司所有权和控制权分离已经成为公司治理研究的一个新热点。所有权，一般是指所有者所拥有的公司股份，在现有公司法下，所有权代表着所有者在公司所拥有的利益，持有股份比例越高，可以从公司获得的利益越多。由于从上市公司获得现金分红是股东从公司获取利益的主要手段，因此上市公司股东的所有权常常用“现金流量权”替代。与所有权不同，控制权是指对公司资源、经营活动或者经济利益的支配权，具体表现为公司重大事项的决定权、决策权，也称为表决权。在公司中，控制权是指所有者所代表的股份比例，所有者所代表的股份比例越高，控制权越大。持股比例是指所有者拥有产权的股份比例,而所有者所代表的股份比例是指依照有关法律和公司章程,所有者能够掌握和控制的股份比例。当公司不存在复杂控股关系时,持股比例与所有者所代表的股份比例可能相等,但是持股比例不可能超过所有者所代表的股份比例可能。大多数情况下,上市公司最终控制人持股比例低于其所代表的股份比例,这就是"所有权和控制权分离"的具体表现。

上市公司最终控制人通过复杂的股权结构安排实现其"所有权和控制权分离",也就是控制权超过现金流量权(超额控制),这些方式有金字塔型股权结构、公司之间交叉持股,或者发行具有不同的投票权、控制权的股票。这种情况下,当最终控制人从上市公司转移资源或者利润时,它们所受到的损失(存在现金流量权)就会低于得到的收益,获取控制人私人收益。这就使得最终控制人具有从上市公司转移资源、利润或者其他利益的动机。控制权与现金流量权分离程度越高(即最终控制人所代表的股份比例与持股比例差额越大),最终控制人可以获得的控制权私人收益越大,最终控制人侵害其他股东的动机也越强,不具有控制权的股东(一般是中小股东)受到的利益侵害越严重。控制权与现金流量权分离程度是衡量最终控制人侵害行为的重要指标。

在国外,Shleifer 和 Vishny(1997)指出,控制权和现金流量权的分离将会加速控制人的利益侵占行为。[17] La Porta 等(1998)发现,控制权与现金流量权的分离是降低企业价值的重要因素,控股股东剥削少数股东,并由此产生代理冲突。[95] Claessens 等(2000)用现金流量权与投票权的比例作为最终控制人的特征变量,衡量最终控制人的现金流量权与控制权之间偏离的程度,偏离程度越大说明其为了获取控制私利所付出的成本越小,其侵占上市公司利益的动机就越强烈。[89] Bebchuk 等(2000)的研究发现,控制性股东可以通过股权结构安排实现持有少数股权而掌控公司控制权，这会带来巨大的代理成本，而金字塔结构的股权安排能够使最终控制人对少数股东的利益侵害得以隐藏。[182] Fan 和 Wong (2002)对东亚地区的上市公司进行了研究，发现东亚地区上市公司股权结构复杂，表决权高度集中在家族手中，家族股东表决权和现金流量权分离严重，具有剥夺少数股东利益的能力和动机，盈余管理是最终控制人实现利益剥夺的重要方式。[183] La Porta 等(2002)通过对投资者保护程度与公司价值之间的关系进行的实证研究，发现投资者保护程度高的国家，法律对小股东保护程度越高，最终控制性股东的现金流量权越大发生对小股东利益侵害的可能性越小。[113] Claessens 等(2002)发现上市公司绩效与控股股东现金流量权正相关(与控制权负相关)，控制权和现金流量权之间的分离水平与公司绩效负相关。[98] Lemmon 和 Lins(2003)同样以东亚地区的 800 余家上市公司为研究对象，对金融危机期间上市公司股权结构与公司价值之间的关系进行了实证研究，发现最终控制人现金流量权越低则股票投资回报率越低，最终控制人控制权与现金流量权分离程度越高则公司市场价值越低，控制性股东对中小股东利益侵害越严重，金融危机加剧了控制性股东剥夺中小投资者利益的动机。[100] Heitor 和 Wolfenzon(2006)对家族企业集团金字塔型所有权结构进行了研究，发现"股权金字塔"允许家族获取他们已经控制公司的全部剩余收益，实现两权分离不仅仅是金字塔结构，而且也包括了二元股份(即发行投票权不同的股票)，两种方法都偏离"一股一票"。[132]

在国内，沈中华(2002)对台湾地区的上市公司进行了研究，发现最终控制人通过金字塔型所有权结构、公司之间相互持有股份、公司之间互派高级管理人员等手段实现控制权，上市公司的核心代理问题已经转变成为"控制权与所有权的分离"而引发的代理问题。[184] 苏启林和朱文(2003)对我国家族类控制上市公司与企业价值的关系进行了研究，发现这类公司的家族股东控制权和现金流量权的分离造成了家族型控制股东与少数股东之间的利益冲突，引起了上市公司股票市场价值的降低。[185]邹小芃和陈雪洁(2003)从投资项目选择、企业规模决策、控制权转让决策三方面入手，分析了在控制权和所有权分离情况下控股股东如何损害其他股东的利益。[186]杨兴君等(2003)研究发现，国内民营企业普遍使用金字塔结构控制多家上市公司，加剧了控制权和现金流量权的分离，民营企业控制多家上市公司导致公司价值降低。[187]张俊喜和张华(2004)研究发现，民营上市公司最终控制人大多采用金字塔方式实现控制，两权分离造成了企业价值下降。[188]徐晋等(2005)从控制权与现金流量权分离的视角研究了大股东终极控制的模式与隐性收益，通过建立一个模型分析了大股东掠夺行为产生的机理，发现大股东能够用较少的现金流量权来实现对公司的实质控制是掠夺行为产生的本质原因。[189]葛敬东(2006)计算了最终控制人现金流量权的最低比例，并提出了影响这一比例的因素。[190]谷祺等(2006)也对我国家族控制的上市公司控制权与所有权分离与公司市场价值之间的关系进行了实证研究，发现两权分离会降低公司价值和公司业绩，存在着较高的最终控制人代理成本，家族控制的上市公司两权分离程度在东亚地区最高。[191]李善民等(2006)的实证研究结果表明，控制权和现金流量权的分离对公司财务绩效存在显著的影响，分离程度越高财务绩效越差，家族控制上市公司绩效整体上比国有控制的上市公司绩效差。[192]邓建平等(2006)的研究则得出了不同的结论，通过追溯我国上市公司的控制链，发现我国大多数上市公司的投票权和现金流量权并没有发生分离，两权分离程度越大则上市公司价值越低，大股东之间形成制衡与控制权争夺能够提高公司价值。[193]王鹏和周黎安(2006)对我国上市公司控制权和所有权分离对公司业绩的影响进行了实证研究，发现在我国最终控制人控制权带来的对中小股东利益的侵占较强。[161]Fan 等(2007)研究发现，中国国有控制性股东通过设立金字塔结构实现了放松企业的自主决策权。[194] 吕长江和肖成民(2007)的研究提出了“相对所有权”和“相对投资收益率”的概念,认为最终控制人之所以会采取转移公司资源或者利润而侵占中小股东利益的行为,是权衡成本与收益的结果。[195] 马连福等(2007)研究发现,我国家族上市公司的现金流量权与控制权严重分离,现金流量权比例与公司价值显著负相关,投资者关系管理与公司价值显著正相关。[196] 朱滔和王德友(2007)研究结果表明,最终控制股东的所有权结构对公司股利政策取向影响显著,当最终控制股东具有高现金流量权和低分离系数(控制权/现金流量权)的所有权结构时,更倾向于派发现金股利,现金股利比率更高。[197] 叶勇等(2007)研究认为,我国上市公司的最终控制人较为隐蔽并普遍存在,最终控制人控制权与所有权分离程度越大则公司市场价值越低,其影响程度因最终控制人的类型而不同。[198] 孙健(2008)研究发现,我国上市公司现金流量权与控制权的偏离程度较高,最终控制人对上市公司有着较强的控制权。[199] 马忠和陈彦(2008)对我国上市公司最终控制人控制权强弱与控制人行为的关系进行了实证研究,发现当最终控制人的控制权与其他股东相比处于弱势时或者处于绝对控制,最终控制人更愿意与其他股东分享利益并采取增加公司价值的行为,而当最终控制人的控制权处于相对较强地位时(介于相对较弱与绝对控制之间),最终控制人往往会采取侵害中小股东利益的行为。[148] 田高良等(2008)研究发现,终极控股股东控制权比例与审计委员会引入概率之间呈现显著负相关关系,在现金流量权与控制权分离严重的公司中表现为显著正相关关系,而其现金流量权比例与审计委员会的引入概率之间表现为不显著的正相关关系。[200] 刘运国和吴小云(2009)研究发现,最终控制人性质不同,金字塔控制层级、控制权和现金流量权的分离与控股股东占用的上市公司资金之间相关关系显著性不同。[201]

2.3 行为公司治理研究

尽管随着经济与社会的发展，公司治理结构和外部机制已经趋于完善、健全，但是公司治理失败的现象还是频频出现，即便是在公司治理相对较好的美国一些著名公司也相继发生了公司治理丑闻（如：Enron Corporation、WorldCom、Xerox Corporation 等公司）。可见，仅仅通过公司治理结构的完善、外部机制的健全并无法阻止公司治理的失败。近年来，国内外一些学者试图突破传统公司治理研究框架和思路，借鉴一些人文社会学科之间交叉研究成果和研究方法，开辟了“行为公司治理研究”这一新的公司治理研究方向。

在国外，这一方面的研究虽然没有明确提出“行为公司治理”的概念，但是不少学者开展了相关研究。美国社会心理学家 Milgram（1974）在其著作 *Obedience to Authority; An Experimental View* 中从心理学角度出发对公司治理丑闻进行了分析，他认为之所以发生这些丑闻是由于“伦理失败”，是所有者和经营者的非理性决策导致。[202] Stein(1996)的研究认为证券市场并非完全竞争市场，而且市场上的投资者也并非完全理性，公司在做出决策时往往会受到不完全市场和非理性行为的影响和干扰，使得决策错误。[203] Shivdasani 和 Yermack(1999)研究了公司总经理(CEO)干涉新董事的提名与选择的行为，在 CEO 担任董事会提名委员会成员或者董事会没有设立提名委员会的情况下，董事会监督功能被弱化，股票价格也会因对此做出反应而下降，公司治理效率降低，避免 CEO 对董事甄选的干涉已经成为一个趋势。[204] Blair 等(2001)对股东与经营者之间的关系进行了研究，发现股东和经营者彼此信任在公司治理中非常重要，这种信任关系有利于降低他们之间的利益冲突，强化对管理层激励与约束，从而提高公司治理效率。[205] Heaton(2002)的研究发现,在公司融资决策的简单模型中,两个主要特征是过度乐观的经理人员和对于资本市场效率的高估,这会引起低估风险、高估收益,结果是投资于净现值为负的项目造成过度投资,进而影响代理成本。[206] Gervais 和 Odean(2003)也建立了一种模型,对市场交易参与者的能力认识进行了研究,发现参与者偏向于过度自信,尤其是在他们职业生涯的初期,公司经营者的这种行为会导致次优决策,对所有者利益形成侵害。[207] Jeffery 等(2003)建立了研究公司兼并和收购过程与产出的行为基本框架,旨在提高对并购行为研究的学术严谨性,这一框架是对相关行为概念与关系的新融合,而不是现有文献传统观点的简单总结。[208] 他们的研究把行为经济学的观点和方法引入到了公司控制权这一重要公司治理机制的研究中。Camerer(2003)在研究中引入了经济学中"效用"的概念,对作为代理人的经营者效用影响因素进行了分析,认为社会偏好是经营者效用的主要影响因素,而社会偏好不仅影响经营者行为,也会影响到公司其他利益相关者的行为,从而影响公司治理效率。[209] Hermalin 和 Weisbach(2003)通过建立董事会与 CEO 的动态关系模型,对影响董事会行为的因素进行了研究,发现董事会组成与公司业绩无关,董事会大小与公司业绩负相关,董事会会组成与大小明显与 CEO 更换、并购、经理人报酬密切相关,公司业绩、CEO 更换和股权结构的变化是影响董事会的重要因素。[210] Baker 等(2004[211],2011[212])对行为公司金融相关研究文献进行了较为全面的综述,指出行为公司金融研究强调投资者和管理者均缺乏完全理性,认为投资者融资管理和投资决策是对证券市场错误定价的理性反应,管理决策也存在判断偏差。行为公司金融的这些研究成果有助于解释公司治理的一些现象和问题,行为公司金融研究已经引入了心理学、经济理论与预测行为信号等方面研究成果与方法。Morck(2004)引入社会心理学的方法对公司治理进行了研究,认为人们天生具有服从权威的倾向，这一理论可以用来解释为什么董事们会诡异顺从那些不受约束的CEO们的行为，弱化董事会机制的行为包括董事之间存在异议、权利冲突和远离权威等，这意味着独立董事、非执行董事和独立董事组成的委员会（不包括CEO）会增强公司治理的理性和更成熟的道德标准。[213] Alexander（2004）采用行为与金融的方法，从投资者行为和法律体系建构角度对如何加强亚洲的公司治理进行了阐述。他认为亚洲经济危机（1997年前后爆发）暴露了亚洲企业在公司治理时间方面的不足。国际机构投资者一致要求更好的公司治理，而管理者和控制性股东依然我行我素，根本性公司治理改革需要对市场力量的精明管制，起到诱导对良好公司治理需求的作用，政府在这方面应该发挥主观能动性保护中小投资者。[214] Larcker等（2005）对一套广泛的公司治理指标、管理决策各种计量工具和组织绩效中间的关系进行了实证检验，提炼出14个公司治理结构基本要素，这14个基本要素与未来公司业绩相关，但是与法律诉讼和会计重述关系不大。[215]

在国内，对行为公司治理进行研究的学者并不多，相关文献也很少。徐细雄等（2006）首先提出了“行为公司治理”这一概念，指出了传统公司治理研究存在的不足，给出了行为公司治理的研究框架。[216] 高雷和刘绪光（2008）的研究认为，主流公司治理研究从“经济人”和“完全理性”假设出发，以委托代理理论为基础，认为通过建立委托人对代理人的激励约束机制是解决二者利益冲突和代理问题的关键，但是这种理论主张对现有很多公司治理现象，特别是公司治理丑闻无法做出合理解释。但是对很多公司治理现象，主流公司治理研究无法做出合理解释。他们提出并用实验检验了经济主体自我主体价值理论，发现经济主体对自已有本能的认同和欣赏，具有自我主体价值感，从而表现出违反完全理性假定的行为特征，并在此基础上创立了基于自我主体价值的行为公司治理理论，运用该理论分析了公司治理中的代理问题（主体意识）、外部董事制度（主体无涉）、高管持股（主体融合）、家族企业治理（主体同一）、控制权之争（主体互斥）和政府控制（主体错位）等重要问题。[217]行为公司治理借鉴了行为经济学的理论和研究思路来分析委托人和代理人（即所有者和经营者）之间存在的代理问题，认为投资者、经营者的行为并非完全理性，并以此为基础研究公司内外部治理机制设计与制度安排，提高公司治理效率。

2.4　公司治理研究新进展的述评

2.4.1　公司治理效率与公司治理评价研究述评[23]

公司治理效率与公司治理评价近年来日益得到重视，是当前公司治理研究的主要问题。大部分关于公司治理有效性问题的研究是通过研究公司治理与一些公司经营变量的关系来验证治理效率。对于公司治理效率，需要进一步界定其内涵，进而提出具有可计量性、可管理性的测度指标，使得公司治理效率的概念清晰化，测度指标成体系。另外，公司治理效率和公司治理效益能否等同，公司治理有效性是用公司治理目标的实现来衡量，还是用公司目标的实现来衡量。公司治理环境会对公司治理的有效性产生重要影响，公司治理机制的安排必须适应已有的公司治理环境（内部环境和外部环境），同时公司治理环境本身也应该不断完善，以产生优化公司治理机制的土壤。从理论上建立公司治理效率和有效性与公司治理环境的关系模型，解释二者相互作用机理与机制，从实践上发现和验证公司治理效率和有效性与公司治理环境的关系，将是未来公司治理效率研究的趋势。

在公司治理评价方面，目前的理论研究主要集中于公司治理与公司价值之间关系的研究，特别是关于公司治理水平以及企业价值之间关系的研究有了很大的发展，国内外学者从不同角度探索了公司治理机制和公司治理水平对公司业绩和公司价值的影响。在采用评价方法提供公司治理有效性的实证研究方面，国内外学者的实证研究得出了公司治理有效性的经验结论。在实践上，不同公司治理评价系统的差别主要是指标体系的设置，由于各自所依据的治理环境（包括制度、法律、政策以及市场环境、公司的发展阶段等）不同，提出了不同的公司治理评价指标体系。从现有文献来看，公司治理评价的相关理论研究仍然薄弱，立足于利益相关者理论，公司治理的目标不仅是股东利益的最大化，而且要保证公司决策效率，企业财富最大化，从而保证公司各方利益相关者的利益最大化。因此，需要从理论上阐明公司治理和其他利益相关者利益之间的关系，从实证上验证和解释公司治理和其他利益相关者利益之间的关系。这将是公司治理评价研究的趋势。从实践上来看，研究适合我国的具有权威性、代表性、有用性，并获得国际认可的公司治理评价系统仍然具有重要的意义。

2.4.2 大股东与中小股东代理问题研究述评

股权集中现象普遍存在，大股东与中小股东之间的代理问题是目前公司治理研究新热点。大股东隧道挖掘行为（利益输送）隐蔽、多种多样，这种行为会侵害中小股东的利益，影响金融市场的稳定。法律体系不完善、公司经营前景不佳、董事会构成不合理等等是产生隧道挖掘行为的重要原因。大股东的反向隧道挖掘行为（支持行为）与隧道行为并存。支持行为是大股东对中小股东的一种弥补机制，也是大股东为了保持剥削中小股东和得到收益分享选择权而采取的一种行为。获得控制权私人收益是造成大股东利隧道挖掘行为的直接动力，控制权私人收益有货币性收益（显性收益）、非货币性收益（隐形收益）。大多数公司存在着最终控制人，他们通过金字塔持股或交叉持股方式对公司进行控制。研究发现，不同类型的最终控制人的隧道挖掘行为及其掏空程度不同。控制权和现金流量权的分离程度与最终控制人的利益侵占行为密切相关。

2.4.3　行为公司治理研究述评

行为公司治理是在公司治理理论基础上，研究者借鉴行为金融学、行为经济学和实验经济学的理论与方法，开辟了“行为公司治理理论”这一新的公司治理研究领域。有别于传统主流公司治理理论和观点，行为公司治理研究从分析参与公司治理各个利益主体的行为出发，强调不同利益主体行为间的相互影响，认为委托人与代理人之间的利益能实现相容。行为公司治理借鉴了行为经济学的理论和研究思路来分析委托人和代理人（即所有者和经营者）之间存在的代理问题，认为投资者、经营者的行为并非完全理性，并以此为基础研究公司内外部治理机制设计与制度安排，提高公司治理效率。这一公司治理领域的研究才刚刚起步，从事这一领域研究的学者并不多，相关研究成果并不多，但是一些研究成果很有价值。

综上所述，从公司治理的国内外研究现状和公司治理研究的新进展来看，目前公司治理研究关注的核心问题从“股东与经理人之间的代理问题”，转向了“大股东与中小股东之间的代理问题”。大股东与中小股东之间的代理问题成为当前研究的热点，研究呈现出越来越具体深入的趋势。

这些研究在取得了丰富研究成果的同时，存在着以下几点不足：一是大股东与中小股东之间的代理问题研究注重隧道行为，对于控制权的研究主要停留在大股东收益、大股东对公司绩效影响的层面，对最终控制人如何侵害中小股东利益、如何影响公司治理研究不够。二是研究主要限于大股东或者控股股东，对“最终控制人”的研究缺乏，而且缺乏对“控股股东”、“最终控制人”行为与公司治理的研究。三是对公司治理效率认识不一，缺乏严谨的理论界定，对大股东行为对公司治理效率的影响研究不够深入。四是现有的文献侧重于实证研究，不同的研究者利用不同的数据、方法甚至得出了不同的研究结论，没有建立适当的理论模型。本书将在对公司治理效率进行理论研究的基础上，提出假设，建立相关的理论模型对假设进行实证检验。

第3章　控股股东、最终控制人与公司治理效率关系的理论研究

由于对公司治理含义解释的不同和效率标准本身的多重性，对公司治理效率的理解也就各不相同。本章将在界定公司治理效率内涵的基础上，研究公司治理效率的多重性特征与测度指标，分析控股股东、最终控制人的行为特征，建立控股股东、最终控制人行为与公司治理效率关系的理论模型。

3.1　公司治理效率的理论研究

3.1.1　公司治理效率内涵研究

3.1.1.1　效率、制度与制度效率

自从人类诞生以来，生存和发展问题就与之伴随。满足人类需求的经济活动是人类活动中不可或缺的重要组成部分。效率原本是物理学中常常用到的一个词语，其定义是：有用功率对驱动功率之比值。效率的概念，随着社会的发展，其内涵也在不断演变，被引申出了多重含义，应用领域不断拓展，特别是经济领域的运用更加常见。人类社会的一切经济活动无不是以“效率”为前提的。在经济学中，效率是指最有效地使用社会资源以满足人类的愿望和需要。效率是指在有限资源条件下，通过对资源的有效配置获得的经济效果，或者是指在经济活动中以经济资源消耗与所获得

的经济效果之间的比率。在管理学中,效率是指在特定时间内,组织的各种收入与产出之间的比率关系。

与“效率”一词相同,在社会学科中,制度也是一个较为宽泛的概念,它泛指规则或者运作模式,规范社会中的个体行为,维护社会秩序。一般来说,制度就是人或组织的行为规则。制度的核心包括产权规则、国家规则、习惯规则、意识形态等。道格拉斯·诺斯(Douglass. C. North)在其制度经济学经典著作 *Institutions, Institutional Change and Economic Performance* 中指出,制度是一个社会的博弈规则(game rule),这些规则约束和决定了社会中不同博弈参与者的行为选择与行为方式。制度在一个社会中的主要作用是建立人们互动的稳定结构(未必是有效率的),以降低不确定性。制度的演变可以经由习惯、行为准则、社会规范,乃至成文法、不成文法以及个人契约来达成。制度包括“正式规则”和“非正式规则”。制度对经济绩效的影响无可非议,不同时期的经济绩效的差异受到制度演变方式的根本影响也无可争议。在人类社会的发展中,即使存在激烈的竞争和冲突也是在共同合作约定的规则之下进行的。[218]

20 世纪初,意大利经济学家、社会学家维弗雷多·帕累托(Vilfredo Pareto)提出了“帕累托效率(Pareto Efficiency)”,主要用来衡量社会资源分配的效率。随着新制度经济学的发展,这一概念也被用来衡量制度效率。根据这一概念,作为博弈规则的制度的最优状态是指制度能够使某一博弈参与者受益但是其他参与者利益却不因此而受损。新制度经济学家则着重研究“制度效率”。新制度经济学的鼻祖科斯(Ronald Harry Coase)认为,与制度相关的交易费用是衡量制度效率高低的关键指标。道格拉斯·诺斯认为,制度对人们的行为形成了约束,不同制度导致不同的行为选择,进而导致产出不同,有效率的制度意味着人们的行为会使产出增加,而不会导致产出增加的制度则无效率。[219]结合帕累托效率的概念和新制度经济学中关于制度的理论，可以看出制度效率的最根本特征在于：与制度相关的投入产出比。制度的制定、运行与实施都会引起成本，这就是投入，但是制度也会带来产出的增加（即制度产出），制度的帕累托效率就是指帕累托原则下最优的投入产出比。

可以肯定的是，效率并不是由制度本身直接产生。在人类活动中制度与人们的各类活动及其组织相结合，才会产生促进或者阻碍效率增长的结果。制度是否有效，不能仅仅通过对制度本身的评价得出，制度效率的发挥依赖于制度环境，即使相同的制度，由于其外在的制度环境不同，可能导致不同的行为及其结果，制度效率也就不同。制度能否促进系统的效率增长（即：制度效率高低），关键取决于制度同人、组织与外部环境的适应程度如何。制度的这种适应程度就是经常用来衡量制度是否有效的“适应性效率”。“配置效率”是指给定投入和技术的条件下，对经济资源做了能带来最大可能性的满足程度的利用。“适应性效率”是和“配置效率”呈正相关的。

由此可见，制度效率涉及三个基本变量，即创造和执行制度的主体——人或组织、制度所处的环境、制度本身。人或组织是创造和执行制度的主体，制度存在的目的是要规范行为，而人或者组织是行为执行者；制度所处的环境是制度赖以存在的基础，有什么样的环境就有什么样的制度，人们在创造和执行制度过程中要受到环境的约束和限制；制度是行为规则，它规范人们的行为，告诉并鼓励人们应当做什么、怎样做，以及这样做的预期收益。同时也会告诉人们不要做什么，以及这样做所必须付出的成本。有了制度，人或者组织才能够适应外部环境制度。作为一种行为规范，制度要通过执行过程中所得到的各种反馈信息不断改变、完善和创新，逐步消除行为主体对于行为的预期收益和成本的错误预期，最大限度地满足人和组织以及制度所处的环境，提高“适应性效率”，并以此为基础提高“配置效率”，提高投入产出比，促进人类经济发展与社会进步。

如前所述，从本质来看，公司治理是一种制度安排，它之所以存在是为了解决公司不同相关利益主体之间由于存在利益冲突而产生的“代理问题”，属于制度规范的范畴。公司治理效率本质上属于制度效率范畴。公司治理效率主要体现在对公司经营管理过程中不同利益主体之间利益冲突能否有效解决，降低各个利益主体的代理成本。公司治理效率的外在表现也就是公司经营管理活动的效率，包括公司获取盈利的能力与效率，获得并保持竞争优势可持续发展的能力与效率，应对不确定环境和经营风险的能力与效率，实现战略目标的能力和效率等。公司治理结构、公司治理的内外部机制、公司治理准则与规范是实现公司治理效率的手段和基础。

3.1.1.2 公司治理理论——公司治理效率的理论基础

纵观公司治理理论的发展历程，先后出现了“管家理论”、“委代理理论”、“利益相关者理论”和“制度理论”等。古典管家理论基于信息完全的假设，认为所有者和经营者之间不存在代理问题，这种理论显然已经脱离现实，不能解释和适应公司治理实践的需要。制度理论以新制度经济学为理论基础，认为董事会组成很大程度上是由组织领域与社会范围内主要的制度化规范所决定，是对公司治理的新认识，其理论观点尚未成熟。目前比较流行、比较成熟的是股东至上主义和利益相关者理论。由于出发点不同，这两种理论之间存在着不少的争议、争论。

(1) 股东至上主义

从公司治理概念的起源来看，公司治理是为了解决企业所有权与经营权分离带来的委托代理问题而产生，因此公司治理研究主要致力于解决所有者与经理人之间存在的代理问题，研究重点在于通过公司治理制度与内外部机制的创新与完善，降低所有者和经营者之间的利益冲突或者使得他们的利益趋于一致。在这一点上，Berle 和 Means(1932)[2] 及 Jensen 和 Meckling(1976)[3] 持同样观点。Fama 和 Jensen(1983)进一步提出公司治理研究的中心问题是降低代理成本。[220] Shleifer 和 Vishny(1997)认为公司治理的中心是要保证股东的利益。[17] 吴敬琏(1994)认为公司治理既要保证经理人的经营权，又要保证股东对公司经营的控制权。[14] 林毅夫等(1997)也认为公司治理是一种制度安排，其目的是要满足股东对其所投资公司的经营活动及其绩效进行监督和控制。[11] 不难看出，以上这些学者观点偏重于公司所有者(股东)利益，因此称为“股东至上主义”。除了以上学者，还有很多学者持有这种观点。

股东至上主义认为，公司和经理人是委托代理关系，经理人应以股东利益最大化为经营目标。但是由于信息不对称、有限理性等问题的存在，委托人(股东)与代理人(经理人)之间的契约是不完备的。又由于人的自利性、风险回避性以及委托代理双方的利益目标不尽相同等，经理不会总以股东的最大利益而行动，会导致经理人为自己利益而做出损害股东利益的行为，产生各种各样的代理成本。该理论主张：公司治理的目标就是通过以强调董事会权力为主的公司治理机制，有效约束、激励经理层行为，使代理成本最小化，维护股东利益，达到股东利益最大化。

基于股东至上主义理论，早期公司治理研究的出发点是股权分散(Berle 和 Means，1932[2])。但是，随着经济环境的变化和研究的深入，股权分散、经营权由经理控制的论断逐渐受到越来越多的学者质疑。Eisenberg(1976)，Demsetz(1983)，Demsetz 和 Lehn (1985)，Shleifer 和 Vishny(1986)，La Porta(1999)等学者的研究基本都得到一致的结论：在美国等发达国家、新兴国家，股权结构适度集中，大股东普遍存在。这种情况下，另一类代理问题产生

（即控股股东和小股东之间的代理问题），开创了公司治理研究的新范式。[84-88]学者们在研究中相继发现，公司的主要代理问题是控股股东掠夺小股东，而不是职业经理侵害外部股东利益（Shleifer 和 Vishny，1997[18]；La Porta 等，1999[88]；Claessens 等，2000[89]；Faccio 和 Lang，2002[90]；Cronqvist 和 Nilsson，2003[91]；Holderness，2003[92]）。

股东至上主义体现了股东在公司中的地位和作用，但该理论观点有较大局限：一是在公司治理制度安排上，把股东利益放在第一位，追求股东利益最大化。这样就会在公司经营过程中忽视其他利益主体对公司的利益诉求，例如债权人按期收回本息、员工报酬与工作环境、社会环境保护，等等。在这种理论下，公司治理制度基于股东利益最大化来设计对于管理层的激励约束制度（特别是薪酬制度），可能导致管理层为了追求个人利益而不择手段侵害其他利益主体的利益，尽管他们的行为符合法律法规。在一些发达国家爆发的公司治理丑闻进一步证实了股东至上主义的这一缺陷。二是股东至上主义过于强调股东、董事会等这些公司内部治理机构的设置与运作，没有充分考虑市场、法律和社会道德等外部治理机制在公司治理中的作用。在前面关于公司治理内涵的论述中已经阐明，公司治理不仅包括内部治理机制，还有外部治理机制，二者共同致力于“代理问题”的解决。通过法律可以实现对于其他利益主体利益的保护，通过市场的设计与安排可以实现对股东、经理人行为的激励与约束，社会道德舆论在公司治理中也能发挥重要作用，股东至上主义恰恰忽视了这些。三是股东至上主义存在“权利与责任不一致”。这种不一致主要体现在股东以其出资额为限承担公司经营活动中的各类风险，而那些股东不需要承担的“剩余风险”则由公司经营过程中为公司贡献其他要素、资源的利益主体而承担，但是其他利益主体不能有效参与公司经营决策与管理，缺乏对公司的控制权，也没有享受到与其风险相对应的利益。四是股东至上主义奉行"资本多数决"原则,股东参与公司治理成本与收益的不匹配,特别是中小股东没有参与公司治理的意愿和能力,很多股东实质上难以对公司实施有效的控制,于是只能简单地采取"搭便车"或者在股票市场买卖股票这些手段参与公司治理。在这种情况下,大股东就可以在法律法规的限度内,充分运用其掌握的公司控制权谋取私人收益,最终控制人和控股股东侵害中小股东利益频频出现,甚至造成公司治理失败。基于"股东至上"的公司治理结构很难对大股东这种"侵略"行为有所监督和抵制。

(2) 利益相关者理论

企业之所以能够进行生产营活动,不仅仅需要所有者提供的资本,也有债权人提供的资本,还需要产品市场和要素市场上供应商提供生产资料、顾客购买产品和服务,需要企业所在地的社团和社区公众的支持,更需要管理者、技术研发人员和其他员工的贡献。这些股东以外的群体从不同方面对企业的生产经营活动做出了贡献,也对企业有各自的利益诉求,他们共同构成了企业利益相关者。企业的利益相关者及其与企业的关系如图 3-1 所示。

根据契约理论,企业是不同利益主体之间契约的集合,企业行为是涉及多个相关利益主体的社会活动。在 20 世纪 60 年代左右,发达市场经济国家的企业不再只奉行其长期坚持的"股东利益至上",逐渐转向"利益相关者利益"。与此相适应,"利益相关者理论"应运而生,该理论认为:企业在创立、存续和发展过程中,需要不同利益相关者的投入和参与,企业不仅要追求股东利益,也要保护股东以外的其他利益主体的利益,满足他们对企业的利益诉求。企业的相关利益主体包括:股东、债权人、雇员、消费者、供应商等。

早在 1963 年,美国斯坦福研究所(Stanford Research Institute International)就明确提出了利益相关者(stakeholders)

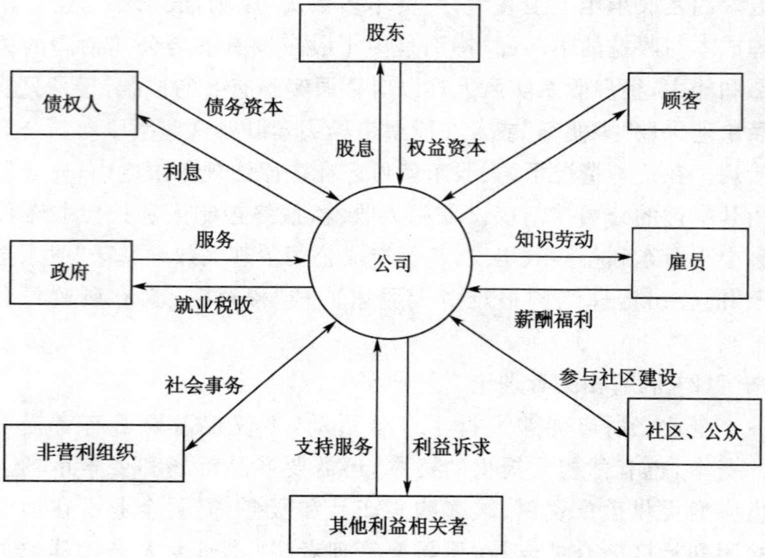

图 3-1　公司利益相关者示意图

的理论概念。1965 年,伊戈尔·安索夫(被认为是“战略管理的鼻祖”)在其战略管理研究中引入了“利益相关者”一词,并将其运用到企业的战略管理中。他认为,企业要确定战略目标,需要考虑其战略实施过程中涉及的不同利益相关者的利益,也就是他们对企业的利益诉求,并且平衡这些利益诉求的冲突,经理人员、股东、雇员、供应商和销售商都是企业必须面对的利益相关者。类似地,Freeman(1984)也强调利益相关者与企业的关系,认为企业战略目标的实现会受到利益相关者的影响,反过来利益相关者的利益也会受到企业战略目标实现过程的影响。[26] 他把企业的利益相关者分为三类:一是对企业拥有所有权的利益相关者(所有持有公司股票者);二是经济上依赖企业的利益相关者(经理人员、员工、债权人、供应商等);三是与企业存在社会关系的利益相关者(政府、媒体、公众等)。这些利益相关者对企业行为会产生直接或者间接的影响。Clarkson(1995)的研究认为,利益相关者在企业投入了不同表现形式的“资本”(实物、人力、财务等),并因此而承担了相应的风险。[221]这说明不仅是股东对企业投入了资本,其他利益相关者也有投入并同样承担了风险,而且其他利益相关者的投资也具有专用性投资的特征。国内学者贾生华和陈宏辉(2002)结合 Freeman 和 Clarkson 两位学者的观点,认为:利益相关者是在企业具有专用性投资,与股东共同承担企业风险(包括经营风险在内)的个人或者群体。这些利益相关者的行为对企业目标的实现至关重要,同时他们的利益也受到企业行为或者活动的影响。[222]

利益相关者理论认为,现代社会中股东利益至上主义缺乏理论基础,而股东利益最大化不等同于利益相关者财富最大化。公司有多个利益相关者,满足多方利益相关者的不同利益诉求才是公司的目标,利益相关者理论为公司治理提供了一个更好的理论基础,股东利益至上主义忽视了股东以外利益主体对企业的利益需求。国内外学者们对于利益相关者理论的研究成果初步形成了比较完善的理论框架。近年来的研究主要体现在对利益相关者的内涵和外延的深化和拓展,利益相关者理论研究视野进一步拓宽,研究领域不断创新,不仅深入到公司治理理论,而且在战略管理等管理理论研究和实践中也运用到了利益相关者理论。不可否认的是,利益相关者理论仍然能存在着不足和亟待完善的问题,但是利益相关者理论仍然将是公司治理理论与实务发展的一种趋势。利益相关者理论认为:公司的其他利益相关者和股东一样,对公司投入了专用性资产、承担了公司的相应风险,理应分享公司所有权。在特定环境与条件下,与股东相比,其他利益相关者可能会具有相对优势,对企业决策与经营管理产生重要影响,尽管他们并不拥有企业的所有权。公司各利益相关者之间的利益相互依赖、相互制约,公司是利益相关者的合约,公司治理目标应该是基于利益相关者共同利益的公司价值最大化。

3.1.1.3 公司治理效率内涵的理论研究

与国外学者相比，在公司治理效率研究方面国内学者的研究兴趣更浓，相关研究成果丰富，而国外学者的相关文献却很少。但是，大多数学者在其研究中把“公司治理效率”等同于“公司绩效”或者“公司业绩”，究竟什么是公司治理效率，却鲜有学者对其内涵和外延做出界定。

在国内，郑红亮(1998)较早地对“治理效率”进行了阐述，他认为，公司治理的效率体现在能否以较低的代理成本解决公司存在的代理问题。[27]卢福财(2001)则提出了“企业法人治理效率”，并对其进行了专门论述，认为企业法人治理问题解决的“好与坏”是企业法人治理效率高低的体现。[223]他的研究成果对于界定公司治理效率的内涵以及对公司治理效率进行评价具有理论价值。刘汉民(2002)则认为，治理效率既要考虑治理成本，也要考虑治理收益，治理效率可以是治理成本最小化，也可以是治理收益最大化，而且在考量治理成本或者治理收益时，不能仅仅考虑股东、债权人，而应该考虑包括经营者和雇员在内的不同利益相关者。[29]曹细玉等(2002)认为，公司治理效率应该用“公司治理目标实现的程度”来衡量，从利益相关者理论出发，公司治理目标应该是利益相关者效用最大化。[30]宋冬林等(2002)以制度经济学中关于效率的理论为基础，对公司治理效率的内涵做出了界定，明确提出公司治理效率不同于公司绩效或公司业绩，并认为公司治理目标是为了提高公司治理效率，而非提高公司业绩，把公司治理目标从公司战略目标中抽象出来。公司治理结构与机制是实现公司治理目标的手段。不应该通过公司治理结构是否完善合理衡量公司治理效率。公司治理效率有“适应性效率”和“结构性效率”两层含义。适应性效率是公司对环境及其变化的适应程度，包含两层内涵：一是指企业决策对企业内部、外部环境变化的适应性；二是企业治理结构对周围环境的适应性；结构性效率是公司治理结构和组织设计等制度设计与安排等方面的整体协调性、有效性和健全性。[28]姚伟等(2003)对公司治理相关文献进行了综述，认为是否解决对经营者行为的有效激励与约束是公司治理好坏的主要体现。[31]罗进(2003)从内部监控机制、外部监控机制、经营激励机制运作效率和经营业绩等四个方面对中国上市公司治理效率状况进行了综合评价。[51]严若森(2005)对公司治理效率的最优化进行了研究，他认为公司治理效率等同于不同利益主体公司治理成本总和的最小化，或者是不同利益主体公司治理收益的最大化，并给出了治理成本的构成。[33]陈赤平(2006)以契约理论为基础对公司治理效率进行了研究，认为企业内"各要素提供者"之间构成了契约关系，公司治理是这些因素提供者之间的合作博弈，公司治理效率的核心是"合作效率"。[35]范如国和张明山(2006)以复杂性学科理论为基础对我国公司治理效率进行了研究，认为作为一种制度安排，公司治理是一个开放、非线性、随机性和确定性并存的复杂系统，公司治理效率实质上就是制度演化效率，公司治理制度演化存在低效率。[36]桑士俊等(2007)在其他学者研究的基础上进一步明确了公司治理成本的内涵和分类，认为公司治理机制中存在着替代和交互作用，公司治理效率就是要降低代理成本，但是他仍然坚持公司治理效率等同于公司价值或者公司绩效，认为公司价值、公司绩效是公司治理效率的测度指标。[37]王德武等(2008)从对公司治理有效性的角度对相关文献进行了总结，他认为公司治理有效就是公司业绩的提高和公司价值的持续增长，对我国上市公司治理有效和无效的公司治理结构进行了比较。[38]徐传谌等(2008)对我国国有集团公司的公司治理效率指标进行了研究，给出了公司治理效率的数理表达式，建立了公司治理指标的筛选方程，他认为公司治理效率是公司治理收益与公司治理成本比较的结果，追求公司治理净收益(治理收益减去治理成本)的最大化,认为:公司治理效率=max(治理收益－治理成本),其中治理成本内容与其他学者的观点类似,治理收益则是指公司治理过程中不同利益相关者的投入而导致的公司收益(也就是公司绩效)的提高,认为公司治理效率等同于公司绩效。[55]

与国内学者明确提出"公司治理效率"不同,国外学者的研究文献鲜有"公司治理效率"一次出现,学者们更乐于用"好坏"对公司治理效率做出评价。Shleifer 和 Vishny(1997)在其对公司治理研究文献进行的综述中认为,好的公司治理应该是能够保证为公司经营提供资本的投资者(股东和债权人)获得较高的投资收益。[17] Tirole(2001)则认为公司的基本代理问题是股东和经营者之间存在的代理问题,一个好的公司治理结构要能够选出足以胜任的管理者,并且要他们为投资者担负责任。[25]

由此可见,对公司治理含义理解不同和效率标准本身的多重性,导致学者对公司治理效率的理解也各不相同。目前关于"公司治理效率"还没有一个统一的认识。

综合已有的观点,根据公司治理、制度效率的理论内涵,我们认为公司治理效率的理论内涵包括以下几个方面:一是公司治理效率作为一种制度效率,是指公司治理制度安排的有效性,公司治理机制的运行是否能有效达到公司治理的目标;二是利益相关者治理成本最小化、治理收益最大化是公司治理效率的直接测度指标,但是公司治理成本、收益构成复杂,难以计量;三是尽管公司治理效率不能等同于公司绩效、公司价值,但是公司治理目标的实现有利于公司绩效增长和公司价值的提高,因此可以用公司绩效、公司价值作为公司战略目标实现的程度的测度指标,也就是公司治理效率的测度指标。

3.1.1.4　公司治理效率的多重性特征

公司治理的产生，归根结底是为了解决委托人与代理人利益不一致而产生的代理问题。发展到今天，已经不仅仅是股东与经理人之间存在委托代理问题，股东与债权人、大股东与中小股东、公司不同利益主体之间均存在同程度的代理问题。

公司治理效率反映的是公司治理机制或公司治理结构的有效性，也就是公司治理作为一种制度安排，能在多大程度上解决代理问题。从前面的论述可以看出，不同的利益相关者，从各自不同的立场与利益出发，或者根据不同公司治理理论，对代理问题有不同的认识，公司治理目标不同，衡量公司治理有效性的指标必然是多样化的。不存在单一的效率测度指标，任何指标只是效率的某一个方面的表现，而这些不同的指标"不具有叠加性"。因此，作为反映公司治理有效性的公司治理效率具有多重性特征。

3.1.2　公司治理效率测度指标的研究

公司治理效率测度指标以公司治理效率的内涵为基础。在对公司治理内涵的研究基础上，国内外一些学者，尤其是国内学者提出了一些衡量公司治理效率的指标。由于对公司治理效率内涵的理解不同，公司治理效率测度指标也不尽相同。学者们从各自的理论基础、观点出发，给出了不同的测度指标。与公司治理效率的内涵研究类似，在这一方面研究中，国外学者的相关研究文献较少，而国内学者结合我国公司治理现状开展的相关研究较多。国外对于公司治理效率主要通过公司治理机制与公司业绩之间的相互关系来检验，实际上就是用公司业绩作为公司治理效率的测度指标。国内学者则认为，可以用公司治理成本、公司治理收益或者公司绩效、公司价值等作为公司治理效率的测度指标。综合国内外学者观点，衡量公司治理效率的指标主要有：治理成本或治理收益、公司绩效与公司价值、公司治理评价和违规记录。

3.1.2.1 公司治理成本与公司治理收益

从前面对公司治理效率内涵的分析可以看出，公司治理成本和治理收益是衡量公司治理效率的重要指标。

依据委托代理理论，由于所有权和经营权分离，所有者和经营者中间构成委托代理关系。委托代理关系导致了代理问题的产生，必然会发生代理成本。在国外，Jensen 和 Meckling(1976)在其关于企业理论的经典文献中早就提出了代理成本的概念，并对代理成本的内容进行了研究，指出代理成本包括：委托人对代理人进行监督与约束的成本、委托人和代理人之间利益冲突造成的公司剩余损失、委托人与代理人签订契约的成本。[3]代理成本是为了解决代理问题而产生的投入，其产出则是对委托人利益的保护，即代理问题的解决程度，这正是公司治理所要达到的目标，因此公司治理成本与代理成本关系密切。Williamson(1985)在其经典著作 *The Economic Institute of Capitalism* 中以交易成本理论为基础，结合 Jensen 和 Meckling(1976)的观点，提出了公司治理成本是交易成本一种，治理成本不仅在公司组织内部存在，而且在公司外部治理机制中也存在治理成本。[39] Hansmann(1996)在其著作 *The Ownership of Enterprise* 中分别对契约成本、所有权成本进行了研究，认为受托管理责任是产生治理成本的根源，公司治理成本是对管理层机会主义的监督成本及监督失败带来的损失。[40] Dietl(1998)在对日本、德国和美国的资本市场和公司治理进行比较研究的基础上，认为治理成本投资者和经营者、大股东与小股东的对公司的利益诉求存在相互冲突，从而导致经济利益的损失，是公司治理的必要支出。[41] Ruland(2002)对欧洲及亚洲国家和地区的跨地区合作进行了研究，发现这种合作会导致治理成本的升高，而地区之间强制性机制都不能取得令人满意的效果，需要建立“多层次的全球化治理、地区组织”和“柔性法律与制度、备忘录”等机制。[42] Wolfgang(2003)以交易成本理论为基础，从公司利益相关主体之间关系出发，认为治理成本不仅包括代理成本，还包括组织运行成本、制度执行成本等。[43]

在国内，李维安和武立东(1999)对公司治理与公司管理进行了比较与区别，认为公司治理不能等同于公司管理，因此不能把公司内部的管理成本简单地认为就是公司治理成本，他认为公司治理成本是公司治理结构及其运行过程中发生的耗费。[44] 刘汉民(2002)的研究认为，公司治理成本是委托人和代理人之间由于目标和利益存在冲突而导致的经济损失，它不仅包括代理成本，还应该包括投资者对公司进行专用性投资而导致的经济损失。不同的治理成本之间存在复杂的相互替代关系。[29] 孙国强(2003)对网络组织这一新型组织结构的治理成本进行了研究，以战略管理理论和波特成本模型为依据，创新性地提出了网络组织治理成本的框架，认为网络组织治理成本包括协调成本、妥协成本、刚性成本、传播成本、整合成本、维护成本等。[47] 周清杰(2003)以新制度经济学的理论为基础对公司治理机制进行了分析，认为公司治理成本是公司治理效率高低的具体体现，治理成本包括：治理交易成本、代理成本、治理结构的组织成本和遵循成本。[32] 严若森(2005)对公司治理成本的界定内容与刘汉民(2002)、周清杰(2003)所提出的公司治理成本的内容基本相同，主要的区别在于，严若森认为治理成本应该包括“第二类代理问题”(即大股东和中小股东之间的代理问题)所引发的代理成本，另外还包括外部公司治理机制(市场、法律等)在公司治理机制中发挥作用而产生的服务成本。[33] 吕斐适和吴德胜(2006)在对国内外关于公司治理成本的有关定义分析的基础上，也提出了自己的观点，他们认为公司治理成本类似于机会成本，既包括在公司治理活动中发生的耗费，也包括由于公司治理失效造成的经济损失，治理成本的含义比代理成本要更加广泛。[224]刘红霞和刘敏(2006)把治理成本的研究分为宏观和微观两个层面,从微观层面来看,代理成本属于治理成本的组成部分,企业运营过程中的交易成本并非都是治理成本,公司治理成本分为公司治理机构的组织成本、总代理成本和协调决策成本三大部分。[49]

我们认为,公司治理成本是公司治理内外部机制设置与运行中发生的各种支出,同时治理成本也应该包括由于公司治理失败而带给利益相关者的潜在损失。但是要清晰地辨别和分离出治理成本并对其进行直接计量,在现实中基本不可行,这一点从中外学者们的研究文献中也可以看到。因此本书对于公司治理成本采用间接指标进行衡量。

尽管很多学者都认为,公司治理效率的衡量应该既要考虑治理成本,也要考虑治理收益,但是不同于公司治理成本,对于公司治理收益,国外学者并没有进行深入的研究。国内学者们在研究中一般都采用了公司治理收益的替代指标(公司业绩、公司价值等),而非直接测度指标。本书在随后进行的实证研究中也将采取替代指标衡量公司治理收益。

3.1.2.2 公司绩效与公司价值

创造利润,提高公司价值,是公司这类组织的主要经营目标。公司治理作为公司的正常运营提供了制度保障,也要为公司经营目标的实现服务,因此公司绩效与公司价值是反映公司治理是否有效的重要体现之一。国内外大量的理论与实证研究结果已经证明:不仅公司经营行为和财务活动影响公司业绩和公司价值,在更深层的基础上,公司治理的有效性对公司业绩及公司价值产生根本的决定性作用和长远影响,公司绩效和公司价值可以作为公司治理收益的间接测度指标。

现代企业理论认为,公司组织是要素资产的联合,是不同利益主体(即不同要素所有者)之间的契约,目的是使具有互补性的要素资产相互结合产生合作收益,也就是提高公司绩效与公司价值。利益相关者理论也告诉我们,公司治理不仅应该关注股东的利益最大化,同时也应该考虑到利益相关者的利益。反映利益相关者利益的指标就是公司绩效与公司价值,其中公司绩效反映的主要是股东利益,而公司价值反映的则是其他利益主体的利益。

从目前国内外研究的文献来看,对公司绩效和公司价值衡量的指标主要有三种指标:一是以会计数据为基础的公司绩效指标,如 ROA(总资产报酬率)、ROE(净资产收益率)等。国内文献多数是以 ROE、ROA、ROEO(营业利润净资产收益率)和 EPS(每股收益)等指标作为公司绩效的衡量变量;二是以股票价格数据为基础的公司市场价值指标,最常见的就是托宾值(Tobin's Q)值;三是采用多个测度指标的综合评分法,这些评价方法不仅考虑财务指标,而且还考虑了一些非财务指标,甚至纳入了一些定性指标。

在国外,很多学者的研究证明了公司治理与公司绩效、公司价值之间存在密切的相关关系。Berle 和 Means(1932)[2]、Lloyd 等(1986)[58]、Leech 和 Leahy(1991)[59]等都先后对股权结构与公司绩效、公司价值关系进行了研究;Donaldson 和 Davis(1991)对公司董事长与 CEO 的权力分配结构与公司绩效、公司价值关系进行了研究;[60] Morck 等(1988)[61]、Kaplan(1989)[62]以及 Hermalin 和 Weisbach(1991)[225]等学者的研究显示公司治理机制和公司治理水平与公司绩效、公司价值具有密切的关系。Jensen(1993)、Yermack(1996)、Nikos(1999)等学者从公司治理的不同特征对公司治理与公司绩效、公司价值之间的关系进行了研究。他们分别从公司的内部控制机制、董事会参与公司治理的措施、董事会规模大小、董事会会议次数以及董事会中独立董事的行为等方面研究了公司治理与公司业绩、公司价值的关系,并且认为公司治理与公司业绩、公司价值具有较强的相关关系。[63-65]

在国内,学者们对我国上市公司治理与公司绩效、公司价值之间的关系进行了研究,也得出了公司治理与公司绩效、公司价值紧密相关的结论。孙永祥和黄祖辉(1999)研究认为,公司股权结构是公司治理结构中的主要因素,并对公司治理与公司运营产生影响,进而直接或间接地影响公司价值。在其对我国上市公司进行实证研究中,发现随着第一大股东持股比例的增加,以托宾Q衡量的公司价值也呈现增加趋势,但是当这一比例升至50%左右时,公司将开始呈现下降趋势。[73]许小年和王燕(2000)对我国上市公司的所有权结构与公司绩效、公司价值之间的关系进行了研究,认为我国上市公司股权结构与公司业绩、企业价值之间存在密切的相关关系。[74]Tian(2002)对我国上市公司终极股东与控制人持股比例和企业价值关系进行了实证研究,发现终极股东与控制人持股比例和企业价值总体上呈现负相关,但是其关系并非单调线性关系,而是呈现U形曲线关系(尤其是大股东具有政府背景的所有者情况下)。[75]徐传谌等(2008)则认为治理收益则是指公司治理过程中不同利益相关者的投入而导致的公司收益(也就是公司绩效)的提高,认为公司治理效率等同于公司绩效。[55]王化成等(2008)在对公司治理效率评价方法进行比较分析的基础上,认为公司治理效率的测度指标既要符合公司治理的目标,也要具有可操作性,考虑现实情况。他认为公司业绩、企业价值等同于公司治理效率,并提出用“经济增加值(Economic Value Added, EVA)”作为衡量公司治理效率指标更为合理。[56]

3.1.2.3 公司治理评价

公司治理评价是近年来出现的衡量公司治理有效性的另一个重要工具。公司治理评价萌芽于1950年杰克逊·马丁德尔(Jackson Martindell)提出的董事会业绩分析与评价。美国投资者协会(The Investment Company Institute, ICI)在1952年设计了第一个正式评价董事会的程序。随着公司治理逐渐得到重视，特别是上市公司治理状况成为投资者决策的重要依据，对于公司治理评价的需求增加，对于公司治理评价的理论研究和实务评价系统的探索不断出现。国内外对公司治理评价与指数的研究建立在公司治理理论研究与公司治理实践的基础之上，与不同国家和地区对于公司治理问题的重视也分不开。随着公司治理日益得到重视，一些国家和地区相继颁布了各自的公司治理原则、准则，并推动了学术界对于公司治理原则、应用和实施效果的研究。在公司治理评价实践中，一些商业机构和公司（如里昂证券、标准普尔等）也推出了各自的公司治理评价系统，对公司治理评价做出了很大贡献。随着"公司治理"逐渐转向"组织治理"，治理评价已经不仅仅限于营利性公司组织治理评价，对于非营利组织、政府等组织的治理也逐渐兴起并得到人们的重视（Christian，2004[57]）。

公司治理评价研究的参与人员不仅限于从事学术研究的学者，很多商业机构，特别是资本市场中介机构（信用评级机构为主）也都参与其中。学者们的研究主要集中在指标体系、评价方法的规范与实证研究，偏重于指标筛选、评价方法设计与选择；商业机构的研究则注重于建立一个为社会所信任，具有一定影响力的公司治理评价系统，并定期发布其对于上市公司治理的评价结果，供投资者进行投资决策时参考。与公司治理效率研究类似，公司治理评价的规范与实证研究同样集中于公司治理评价指标与公司业绩、公司价值之间关系的研究。如前所述，国内外关于公司治理与公司绩效、公司价值之间关系的研究进展明显，文献众多，成果丰富。在当前，新兴经济体国家的公司治理问题，尤其是中国公司治理的问题特别受到国内外学者们的广泛关注，引起了他们极大的研究兴趣，学者们从各自的研究角度出发，借鉴其他学科理论与方法，对不同国家和地区的公司治理评价指标与公司绩效、公司价值之间关系的进行了规范与实证研究，但是结论不一。

在国外，公司治理评价理论研究起步早，理论成果丰富，为公司治理评价实践提供了基础。公司治理评价实务发展快，评价系统和评价方法也较早地得到了运用，评价结果运用要比我国广泛得多。在公司治理评价研究中，Klapper 和 Love(2004)研究证实了公司治理与公司市场价值之间的正相关关系。[70] Newell 和 Wilson(2002)以所有权、董事会和信息披露等作为衡量公司治理水平的指标，研究发现公司治理状况从最差到最好会引起公司价值10%～12%的提升；[226] Kim 和 Durnev(2005)利用亚洲里昂证券(CLSA)对公司的评分代表公司治理质量的水平，发现治理较好的公司拥有更高的价值。[71] Drobetz 等(2004)[227]、Black 等(2006)[68]、Beiner 等(2006)[66]、Gompers 等(2003)[67]等学者们分别通过建立自己的公司治理评价综合指标，对德国、韩国与日本、瑞士、美国等国上市公司的公司治理评价水平与公司价值之间关系进行了实证分析，他们的研究结论都证实了公司治理水平高低与公司价值之间存在正相关关系。Klapper 和 Love(2004)[70]，Kim 和 Durnev(2005)[71]对新兴市场国家的研究发现，法律体系不很完备条件下公司治理水平对公司价值的影响程度更大。Laeven 和 Chhaochharia(2009)的研究把公司治理水平分为公司层面和国家层面两个部分，发现很多公司采用了比本国其他公司更为严格的公司治理“供给”，公司层面的公司治理水平与公司价值存在显著的正相关关系。[72]

随着公司治理理论的深入研究，公司治理理论日益完善，这为公司治理评价实践的发展提供了基础，使得公司治理评价实务得以蓬勃发展。在国外，公司治理评价实务也经历了一个简单到复杂、单一到综合的发展过程。美国投资者协会(Investment Company Institute，ICI)最先提出的是对公司董事进行评价的一套程序和方法，主要用来满足资本在市场中的机构投资者对于公司治理好坏的甄别。较早提出公司治理综合评价系统的是世界著名资信评级机构——美国标准普尔公司(Standard & Poor's),该公司在1998年提出了自己的首套公司治理评价服务系统。在制定公司治理评价系统过程中,标准普尔公司以《OECD(经济合作与发展组织)公司治理准则》、美国CalPERS(California Public Employees' Retirement Pension System,美国加利福尼亚州公共雇员养老基金)等提出的公司治理原则以及国际上公认的对公司治理要求较高的指引、规则制定评价指标体系,该指标体系把公司治理评价分为国家评分与公司评分两部分。除了标准普尔公司,目前国际上许多著名的资信评级中介机构,如欧洲的德米诺(Deminor)公司、戴维斯全球咨询(Davis Global Advisors)和亚洲里昂证券(CLSA)等都推出了自己的公司治理评价体系,为世界不同国家和地区资本市场的投资者提供服务。从这些商业机构所提出的公司治理评价指标体系来看,尽管评价指标存在差异,但是其评价目的都是要对公司治理(特别是上市公司治理)水平高低进行衡量,鉴别公司治理的"好坏",为资本市场的投资者和监管者提供简洁、可比的决策工具。从总体上来看,这些评价系统大部分都以《OECD公司治理准则》等国际上的公认公司治理原则、指引或规则为依据,评价指标大同小异。不同公司治理评价系统之所以存在差别,主要的原因在于公司治理环境的差异,这些治理差异主要表现在:监管制度、法律法规、资本市场特征、社会文化差异等。

在国内,《上市公司治理准则》是监管部门对公司治理进行规范的主要制度,它由中国证监会于2002年发布。国内学者也对公司治理评价与公司业绩、公司价值之间的关系进行了大量的规范和实证研究。特别是由于我国正处在"转轨经济"时期,多年来GDP持续高速增长,是主要的新兴经济体国家之一,这种制度环境背景下的公司治理效率与公司业绩、公司价值之间关系引起了海内外学者浓厚的研究兴趣。裴武威(2001)认为在不同国家和地区公司治理特征指标重要性不同,他根据国外的公司治理评价系统,结合我国有关法律法规和制度,以及上市公司治理实际情况和存在的问题,提出了从"所有权结构""股东权利""信息披露""董事会结构与运作"四个方面对公司治理进行评价。[82] 吴淑琨和李友根(2003)则提出建立上市公司治理指数(Corporate Governance Index,CGI),公司治理评价包括公司治理个性化评价、公司治理与公司管理匹配性评价两个部分,从公平性、透明度、责任履行和公司治理与管理的匹配程度四个方面对公司治理进行评价。[228] 潘福祥(2004)认为公司治理评价指标并非越多越好,指标设置应该充分考虑指标数据可以量化,而且数据容易获得,不需要人为设权重,从外部机构的监管评价、股权结构、董事会和经理层四个方面提出了11个对公司治理的描述性指标构成公司治理评价指标体系。[77] 白重恩等(2005)对描述公司治理特征的一系列指标进行了分析,采用统计分析中的主成分分析法(principal component analysis)筛选出少量指标,从公司内部治理机制和外部治理机制两个方面构建了公司治理水平的综合评价指标——G指标。目前在国内公司治理评价方面研究持续深入的机构是南开大学中国公司治理研究中心。[78] 2003年5月,李维安教授领导的南开大学中国公司治理研究中心完成了其公司治理评价体系的初始设计。借鉴国外的理论研究和实践操作,在对我国公司治理现状进行细致深入的实证分析基础上,该中心设计出了一套衡量公司治理水平的综合评价指标体系,并建立"南开大学公司治理指数",公司治理评价指数公司治理评价指数的指标体系包括从"股东权益""董事会""监事会""经理层""信息披露""利益相关者"6个维度,构建了包括6个一级指标、19个二级指标的评价体系。从2004年起,该中心每年都会发布中国上市公司治理指数和中国上市公司治理评价报告,建立了"中国上市公司治理指数数据库"。[229-230] 到目前为止,除了上述学者和机构以外,北京连城国际、香港大学中国金融研究中心、上海证券交易所等机构也都提出了自己的公司治理评价指标体系。从总体来看，这些理论和实务研究的结论均认为：公司治理水平与公司业绩、公司价值紧密相关。在公司治理评价指标选择上，基本上都以我国证监会颁发的《上市公司治理准则》以及在国际上普遍被采用和认可的《OECD公司治理准则》为基础，在具体指标选择上不仅涵盖了公司治理内部治理机制和治理结构特征描述指标，也包括对市场、法律等公司治理外部机制的评价，但是公司治理评价指标多少不一、评价方法繁简程度不一。

综上所述，比较国内外公司治理评价体系可以发现，这些指标在主要方面都是类似的，只是侧重点有所不同。公司治理评价体系主要集中在四个方面：股权结构、董事会结构与高管层运作、股东大会和监事会、财务透明性与信息披露。

3.1.2.4 违规情况

股权集中是我国股票市场的主要特征之一，与之伴随的就会发生大股东侵害小股东利益的各种违规违法事件。尽管有关监管机构出台了很多相关的法律和规定，但是上市公司违规行为仍然层出不穷。上市公司违规一直是困扰我国大陆股票市场健康发展的主要问题之一。

上市公司违规，是指上市公司在开展经营活动或者信息披露时，发生违反政府和其他监管机构制定的法律法规、制度规范的行为。上市公司的违规行为分为信息披露违规、公司经营活动违规（主要是关联交易）、违规担保和公司高管（含董事、高级经理人）涉嫌犯罪等。

对于我国上市公司违规的原因，不同学者从不同利益主体的利益出发，各有各的看法，主要观点包括：大股东掏空上市公司是上市公司违规的根本原因；内部人操纵股价等内幕交易是上市公司违规的直接动因；为迎合新股上市及配股政策、特别处理和退市政策，上市公司不得不进行盈余管理，从而陷入违规的境地；等等。

对公司治理效率的理解也可以从公司治理机制的有效性来判断。一般评价一个治理机制是否有效,最为关键的因素是看各种投资者(或利益相关者团体)受保护而不被公司管理层和有控制权的大股东侵害的程度。上市公司违规是中小投资者利益受到侵害的具体表现之一。上市公司的种种违规行为,都是对代理人或委托人利益的侵害,违规的根本原因在于公司治理失效。由此可见,违规情况也是衡量公司治理效率的重要指标。

综上所述,可以看出公司治理效率的测度指标多种多样,特别是对于公司治理的综合评价专家们的看法也不一致。这一方面是由公司治理效率本身的多属性特征决定的。另一方面是由于对公司治理效率的直接衡量存在困难。有鉴于此,根据国内外已有相关研究文献的观点,结合本章的理论分析,鉴于公司治理效率的多属性特征,本研究将分别采用"期间费用率、托宾 Q、净资产收益率、总资产报酬率、违规次数"四个指标作为公司治理效率的测度指标。这既符合公司治理效率多属性特征,也能够解决对于公司治理进行直接衡量的困难。

3.2 控股股东、最终控制人的行为特征分析

3.2.1 控股股东、最终控制人的界定

如前所述,本章研究围绕大股东与中小股东之间代理问题展开,核心是控股股东与最终控制人与中小股东之间的代理问题。控股股东、实际控制人与上市公司公司治理的关系问题,已经引起理论界与实务界越来越多的重视。

3.2.1.1 大股东、控股股东的界定

大股东(large shareholder,blockholder)主要是指持有某公司

股份达到一定比例，可以直接或者间接地控制公司业务经营、财务或者人事任免的股东。从该定义看，持有一定的股权比例是大股东的特征。一般来说，大股东是指具有公司控制权的控股股东(controlling shareholder)。

对于控股股东，不同国家法规有不同的认定标准。为了规范上市公司对控股股东的认定和信息披露，《中华人民共和国公司法》第 216 条、证监会《上市公司章程指引(2006 年修订)》等法律法规对"控股股东"的认定做出了规范，当满足以下两个条件之一时，股东则被认定为控股股东：一是当股东出资额占公司资本总额的 50%以上时，该股东则被认定为控股股东；二是虽然出资额比例未达到 50%但是所控制的表决权足以对公司决策产生重大影响的股东。

美国投资公司法(1940 年颁布，2012 年 1 月最后修改)规定："任何持有公司有表决权股票 25%以上者，被认为控制该公司"，"当一家公司被认为对其他公司的控制达到使其他公司处于其代理人的地位，或沦为经营工具者，即为控制股东"的实质标准，也已成为美国理论界的通说。德国股份公司法(1956 年 9 月 6 日颁布，1993 年 7 月 22 日最后修改)也认为，如果一个公司直接或间接地受到了另一公司所施加的控制性影响，那么该公司就具有附属性。可以看出，美国对于控股股东的持股比例要求较低，这与其股票能够全部流通和股权比较分散有关。德国则对于控股股东的持股比例未做出明确限定，仅从是否具有控制权方面进行了原则性界定。

无论是国内还是国外，对公司具有"控制权"是大股东、控股股东的共同特征。由于我国公司法规定，股东在公司中拥有的投票权、决策权等控制权是以其出资额为依据的，而且我国股票市场上不存在没有投票权的股票，因此本书中对于这两个概念不做区分。但是在现实情况中，出于法律限制或者分散投资的需要等原因，确实有一些大股东没有对公司形成控制力(例如发行没有投票权的股份)。因此,“大股东”和“控股股东”这两个概念虽然有交叉,但还是有一些区别。由于实务中很难区别大股东和控股股东,而且信息难以获取,国内外学者实证研究中这二者并未做区别。

为了保护中小投资者利益,我国证监会要求上市公司对控股股东的情况进行披露。2001 年底至 2002 年初,监管部门先后出台《上市公司股东持股变动报告》、《上市公司治理准则》等行政法规,这些法规要求上市公司在网络和报纸等媒体上对外披露控股股东及其实际控制人的详细资料,并披露其变化情况。为了提高上市公司信息透明度,为资本市场的参与者充分提供决策所需要的信息,2007 年证监会对上市公司年度报告准则进行了修订,新年报准则对上市公司对实际控制人的披露做出了严格规定,要求各上市公司严格披露其实际控制人。证监会《公开发行证券的公司信息披露内容与格式准则第 2 号(2007 年修订)》第 24 条对控股股东是法人和自然人的信息披露内容要求做出了明确规定。

3.2.1.2 最终控制人(实际控制人)的界定

发达国家的证券市场历史悠久、成熟,关于最终控制人、实际控制人的概念界定起步很早,较为成熟,例如美国的证券法和证券交易法。不同的是,英美法系或者大陆法系中并未明确对实际控制人做出界定,而是通过对控制与控制权的界定,间接地对最终控制人、实际控制人做了界定。在英美法系中,相关法规并没有区分控制和控制权,认为二者含义相同,即控制(control)本身是一种力量(power)或权力(authority)。《布莱克法律辞典》将“控制”解释为管理、指导、监督、限制、管制、治理、执行、监视的力量或权力。[231]美国的 P. I. Blumberg 教授认为:控制是有能力主导一个公司董事会的选任并因此获得管理公司业务的权力。[232]美国投资公司法把“控制”界定为一种权力,对拥有“公司控制权”的控制人规定了两种情况：一是具有影响公司经营管理和公司决策权力的法人或者自然人；二是间接或者直接持有公司具有投票权的股票比例超过 25%的法人或者机构(非自然人)。德国股份公司法首先对关联公司做出了界定，关联企业是两个独立法人，他们之间存在关联关系，相互联结成一个企业集团。联系企业集团内成员(关联企业)的是“控制权”，这种控制权的形成可能是通过股权实现的，也可能是通过其他法律关系而形成的。同一企业集团往往存在一个控制人(法人或者自然人)。证监会发布的《上市公司章程指引(2006 年修订)》还对实际控制人的认定和信息披露内容做出了规范，规定实际控制人是具有能够影响公司决策、公司经营活动的人，这些人虽然不是股东，但是能够通过其控制的投资者(大股东或者关联股东)、有关公司经营管理的协议或者其他约定，对公司行为产生实质影响。我国 2006 年实施的《公司法》第 216 条也对我国上市公司的实际控制人的认定进行了规范，认定条件和证监会《上市公司章程指引(2006 年修订)》相同，这位对学者们开展我国上市公司实际控制人相关研究提供了条件。

最终控制人(ultimate controller，ultimate owner)也称为最终所有人、终极所有人，是指拥有公司最终控制权的自然人或者法人。从含义来看，我国监管部门或者学者所称的“实际控制人”就是通过各种方式“拥有终极控制权”的自然人或者法人。“实际控制人”与“最终控制人”两个概念并无本质区别，本章对这两个概念不作区分。一般而言，一家公司的控制人可以是个人、法人或者国家。但是作为控制人的法人也是公司，其同样存在着控制人(个人、家庭、法人或者国家)。这样一直追溯下去，直到存在这样的法人即其所有者是个人、家庭、国家和股权高度分散的公司(实际控制权在经理人手中)。最终控制人对公司的控制是多级的，因此最终控制人对公司拥有的控制权与其所有权是不相等的，即存在着偏离。这是最终控制人的一个重要特征。

随着对大股东与中小股东之间代理问题研究的深入,国内外学者发现通过发行多种投票权股票、金字塔持股(pyramids)、交叉持股(cross ownership)等方式,一些股东可以用较少的代价获得公司的实际控制权。在这种情况下,很难发现公司的控股股东或者大股东。La Porta 等(1999)在考察全球上市公司股权结构时,从公司控制与控制结构的角度把公司分成:分散持有的公司与拥有最终控制人的公司,首次提出了“最终控制人”,并在综合考虑全球发展的基础上,把“最终所有者”划分为五种类型:家族或个人、国家、所有者分散的金融机构(如银行或保险公司)、股权分散的公司和其他。[88]

由此可见,控股股东、实际控制人是个法律概念,大股东、最终控制人则不是。在法律意义上,控股股东、实际控制人是两个不同的概念。最终控制人、实际控制人可以是公司的控股股东、大股东,但并不一定必须是公司股东或者大股东,它们通过直接或者间接的方式控制着公司的经营决策和公司的经营管理,对公司行为产生影响。最终控制人、实际控制人可以是公司法人,也可以是自然人、非营利组织法人或其他组织(政府、高校、社团等)。控股股东直接持有上市公司股权的公司,为上市公司的直接股东(immediate shareholder)。直接股东往往又被其上层股东所控制,层层向上追溯直至最终控制人。最终控制人通过复杂的控制链条结构可以用较少的代价获得公司的实际控制权。最终控制人、实际控制人才是上市公司行为的利益驱动者,也是控制权私利的最终受益者。

最终控制人和实际控制人都是具有公司控制权,实质上掌控公司最多的表决权和重大决策权,能够实际决定公司决策并支配公司行为的自然人或其他拥有终极所有权的主体。因此二者的含义并无实质差异。实际控制人是一个法律概念,而最终控制人则常见于国内外学者们的公司治理的实证研究中，在本书的研究中对最终控制人、实际控制人不做区别。

3.2.2　控股股东、最终控制人的行为分析

3.2.2.1　控股股东、最终控制人的行为表现

如前所述，控股股东与最终控制人拥有上市公司的控制权，其控制权的行使受到法律法规和公司章程等规范的限制。根据现有的法律法规，公司控制权往往通过股东大会表决权、对董事会或高管层的控制等方式实现。

控股股东积极参与公司治理通常具有两种不同的效应：一是利益一致效应，即控制权的共享收益（shared benefits）；二是利益侵占效应，即控制权的私人收益（private benefits）。这两种收益并不是互相排斥的，经验证据表明两个因素通常都在发挥作用。在现实中，控股股东、最终控制人既可能实施有利于提供公司治理效率的行为，也有可能利用自身的控制权做出损害中小股东利益的行为。控股股东、最终控制人的行为对公司治理效率具有两面性已是学界和实务界不争的事实。一般而言，控股股东、最终控制人的行为按照对公司治理的作用区分为两类：积极治理作用的利益趋同和利益输送行为、消极治理作用的利益侵占行为。

利益输送是指控股股东、最终控制人对上市公司的利益输送、积极监督经理人等支持行为。在上市公司中，控股股东、最终控制人代表所有股东利益行使“委托人”权力，承担者代表所有者监督经理人（代理人）的责任。由于控股股东、最终控制人的持股比例较高，其所获监督总收益大于监督总成本，具有监督经理人的原动力，有助于解决股东与经理人之间的代理问题，发挥积极治理作用，提高公司业绩，增加公司价值。已有研究成果也证实了这个观点。另外，上市公司陷入经营困境时，为了防止公司破产而损害自

身利益，大股东就有可能利用自身资源改善公司经营状况，防止出现债务危机，避免公司破产。Friedman 等(2003)的研究发现，在对投资者保护的法律体制不健全的国家，大量充斥着控制股票公开上市交易的企业创始人对公司的“隧道挖掘行为”，但是也存在着企业创始人对其公司的支持行为，也就是企业创始人运用他们自身独享资源在公司遇到经营困难或者财务困难时支持公司渡过难关(例如为公司提供债务担保)。[141]

利益侵占是指控股股东、最终控制人对上市公司中小股东利益的损害和侵占等行为。控股股东与最终控制人对中小股东的利益侵占又称为“隧道行为”，隧道行为一词是哈佛大学 Shleifer 和 Vishny(1988)首次提出的，即上市公司的控股股东与最终控制人利用各种不能为监管部门或者中小投资者等利益相关者发现的手段(如同见不到阳光的“隧道”)，暗中转移应该属于上市公司或中小股东的资源和经济利益。[233]当控股股东或最终控制人与中小股东利益取向不一致时，控股股东、最终控制人就会利用其拥有的控制权优势损害中小股东的利益，操纵公司的经营管理，谋取自身利益最大化，起到消极治理作用，公司治理效率也因为大股东的存在而降低了。这种情况下，上市公司的委托代理问题已经从股东与经理人中间的代理问题(第一类代理问题)，转化成了大股东与中小股东之间的代理问题(第二类代理问题)。现有的公司治理研究结论也证实了这一观点，研究核心已经转移到了大股东与中小股东之间的委托代理问题，并涌现出大量的研究成果，这类行为也是本研究的重点。另外，控股股东与最终控制人对其控制的公司未来长期盈利能力和自身长期投资报酬率产生不良预期，甚至认为上市公司遇到无法扭转的经营状况恶化、财务困境无法逆转，进而不能持续经营或者将被“退市”，他们就会对上市公司进行掠夺，以维护自身利益，实现其利益最大化。

在我国，学者们对于控股股东与最终控制人行为的实证研究结果并不支持他们会发挥积极治理作用，对其公司采取支持行为，而是控股股东、最终控制人的利益侵占司空见惯、普遍存在。控股股东、最终控制人的利益侵占主要通过对上市公司融资活动、经营活动、利润分配和资产重组等行为影响实现。目前我国股票市场上，控股股东、最终控制人的利益侵占行为主要有以下几种：

一是关联交易行为。要界定关联交易，首先要弄清楚“关联方”，也就是具有关联关系的公司。不同公司之间之所以具有关联关系，其主要原因是由于他们被“同一个控制人”所控制，这里的控制人主要是指“最终控制人、实际控制人”。关联交易就是具有关联关系的关联方之间发生的产品买卖、资金往来等交易行为。之所以发生关联交易，是由于关联交易可以实现交易费用的节约，有利于公司利润最大化。客观来说，对于关联方而言，关联交易本身是有利的。但是由于关联交易决策是有具有控制权的控股股东与最终控制人做出的决策，关联交易所产生的利益并不能对公司不同利益相关者都产生有利影响，这样就使得关联交易可能成为控股股东与最终控制人从所控制的公司转移资源或利益，侵占或者损害其他利益主体（特别是中小股东）财富和利益的手段。与其他国家类似，在我国上市公司信息披露相关规范中，对上市公司的关联交易进行了较为具体的界定，并对信息披露内容做出了规定。上市公司的关联交易有些是正常交易，采用市场公允价值进行交易，未对公司利益或者中小股东利益构成侵害。但是由于上市公司的关联交易总是被控股股东与最终控制人所控制，这些交易一般体现他们的意愿，交易中得到维护的也是他们的利益，因此非正常、非公允的关联交易很容易发生。这种情况下，尽管关联交易的信息披露达到了法律法规的有关要求，但是相关信息在控股股东与最终控制人、中小股东之间仍然存在严重不对称，监管机构和资本市场的中介机构与专业分析机构都很难对这些关联交易行为进行监督。由于行为的隐蔽性，关联交易就成为控股股东与最终控制人侵害中小股东利益的主要手段。

二是违规担保。为控股股东与最终控制人所控制的母公司或者其他子公司的银行贷款等债务提供担保,是上市公司控股股东与最终控制人谋取控制权私人收益的常见手段之一。在我国股票市场,大多数上市公司一般都是从母公司剥离出"优质资产"成立股份有限公司,公开发行股票,上市初期公司盈利能力较强,累积大量盈余,加上上市公司能从资本市场筹集大量资金,客观上令上市公司持有大量货币资金,这使得上市公司资信状况好,具有很强的融资信誉。当上市公司的母公司或者关联方遇到资金困难时,控股股东与最终控制人就会利用其控制权,操纵上市公司决策,为上市公司的母公司和其他关联公司提供债务担保。当债务人无法偿还债务时,上市公司必然要承担连带偿还责任,导致上市公司利益损失,甚至造成上市公司资金困难或者经营困难,损害上市公司和其他利益相关主体的利益。我国证监会等监管部门对于上市公司为关联方提供担保有着较为严格的规定,并对信息披露做了明确要求,但是上市公司的控股股东与最终控制人为了掩盖其违规担保行为,不进行信息披露或者信息披露不充分。上市公司违规担保行为之所以仍然存在,是由于股权结构设计等公司治理缺陷造成的。违规担保已经成为控股股东与最终控制人从上市公司攫取利益的常见手段之一。

三是资金占用。如前所述,由于盈利能力较强,融资信誉高与融资措施灵活等客观原因,大多数上市公司在经营过程中会积累较大的货币资金余额。当上市公司缺乏投资项目时,这些资金就会形成"自由现金流量"。根据"自由现金流量假说",当公司出现大量剩余现金流量时,管理层就会出现"过度投资"行为,或者转移公司利益,对股东利益造成侵害。在我国上市公司中,由于控股股东与最终控制人掌握公司的控制权,管理层代表的是他们的利益,"自由现金流量"的存在为控股股东与最终控制人侵害中小股东和其他利益主体的利益提供了条件，其中主要的方式就是上市公司资金被控股股东与最终控制人控股股东直接占用或者被其控制的关联方占用。表面上看，这种资金占用是公司之间的资金借贷行为，但是这种资金占用(债权)往往利息低于同期市场利息，甚至不能按时收回本息，损害了公司的正常经营行为，丧失投资机会，一旦遇到资金困难不能按期收回本金还可能造成上市公司破产清算，给中小股东和债权人造成更大损失。

四是低派现和掠夺性分红。上市公司的股东收益主要来自于股价上升的资本利得和公司派发的股息。股息具体包括现金股息、送红股和公积金转增股。低派现的根源在于大股东与中小股东利益冲突。一方面，派发现金股利使得控股股东、最终控制人所控制的上市公司资源和现金流减少，从而限制公司投资、经营活动。低派现也会形成上市公司“自由现金流量”。虽然低派现会使控股股东、最终控制人也损失了部分利益，但是由于其能够控制上市公司的更多资源(发放现金股利会使)，在缺乏外部监管的情况下，控股股东、最终控制人仍然倾向于低派现。另一方面，由于所持股份不能流通，在“同股不同价”的前提下，“同股同利”的分配方式必然带给非流通股远高于公众流通股的股本收益率，现金股利实际上成为非流通股东最直接的掠取公司利润的手段。发放现金股利，控股比例越高，大股东转移的现金也就越多，“掠夺性分红”就成为上市公司大股东套现的重要手段。另外，为了达到监管部门再融资的条件，部分上市公司先实施派现方案，然后再推出大规模融资，出现“恶性分红”。在我国的股票市场上，上市公司的低派现行为更为普遍。

五是资产重组。资产重组是上市公司进行资本运作的常见形式，其实质就是上市公司控制权的转移。控股股东与最终控制人可以利用资产重组，出售其所持有的公司股票，可能造成控制权转移，这种控制权转移既有正常的市场交易，也存在着控股股东与最终控制人为了获取控制权私利而恶意转移控制权。控股股东与最终控制人为了取得和持有上市公司控制权,需要付出一定的代价,甚至代价巨大,为了补偿其控制权成本并获得更大收益,他们即使在知晓资产重组和控制权转移对上市公司不利的情况下,仍然出售其持有的股权而获取溢价收入,造成上市公司和中小股东等其他利益相关主体的利益损失。

六是操作公司决策。无论是在国外还是在国内,公司法都是公司治理的基本法律。公司法的首要原则就是维护股东权利,股东大会是公司的最高权力机构,是公司其他组织机构设立、变更和运作的基础。在股东大会中,每一股份的投票权相等(一股一权),股东大会决议的通过需要出席会议股东所持表决权的半数以上的支持,一些重大事项则需要出席会议股东所持表决权的三分之二以上的支持(例如:公司章程的修改、公司并购分立、注册资本变更等)。这就是"资本多数决"原则,尽管在理论界这一原则受到不少的质疑,但是直到今天仍然被绝大多数国家所采用。控股股东与最终控制人直接或者间接地控制了上市公司的多数股份(绝对多数或者相对多数),他们可以通过股东大会影响公司组织结构的设置、高级管理人员(董事、监事、总经理等)的任命等关键事项,进而控制公司决策,实现对上市公司经营管理的控制、操纵。控股股东与最终控制人会安排其"代理人或者代言人"担任公司的关键管理人员(董事长和总经理等),在董事会中占有更多的代表自身利益的席位,或者对那些不能代表自身利益或者维护其自身利益的高管进行替换,以达到控制公司决策的目的。实证证据表明,控股股东与最终控制人操纵公司决策,不利于公司业绩的增长,会损害上市公司和中小股东等其他利益相关者的利益。

在我国,控股股东与最终控制人利益侵占行为除了以上普遍存在并被经常采用的手段以外,还有一些其他方式,例如利用自身控制权优势掌握内幕消息操纵股价获利,操纵公司盈余提高股价,进而获取配股权、增发权进行高股价配股、增发股票，而自己放弃配股权或者放弃购买增发股票的权力，实现“套利”等等。总体上看，尽管出于对中小投资者保护的考虑，监管部门对上市公司控股股东与最终控制人的监管趋于更加严厉，但是利益侵占行为仍然不断变化手段，层出不穷。

控股股东与最终控制人的利益侵占行为，不仅在处于经济转轨阶段的新兴经济体和发展中国家存在，而且在欧美发达市场经济国家同样存在。但是在不同国家和地区，侵占程度不同，而且表现也不同。相对于我国和其他新兴经济体，欧洲和美国这些国家和地区的上市公司股权比较分散，一般不存在绝对控股股东或者一股独大的现象，股东之间往往能够形成制衡与约束，利益侵占程度比其他国家和地区较轻，行为隐蔽性也更强。另外，欧洲和美国这些国家和地区资本市场中存在大量机构投资者，尽管这些机构投资者是上市公司治理的重要参与者，但是他们一般并不直接干涉上市公司经营管理，因此关联交易并不严重。这些国家和地区的控股股东与最终控制人的利益侵占行为主要是通过公司经理人员进行，利用自身所掌握的内幕信息为其牟取利益，因此操纵信息披露、信息披露不充分或者信息造假等是他们经常采用的手段。目前，在我国上市公司中，也存在着利用信息优势或者操纵信息披露等方式侵害中小股东和其他利益相关主体利益的行为。

3.2.2.2　控股股东、最终控制人的行为特征

控股股东、最终控制人拥有公司控制权，往往是上市公司的大股东，持股时间长、流动性弱，因此其行为特征与中小股东行为有着明显的不同。在实践中，控股股东、最终控制人的行为具有以下特征：

一是隐蔽性。这里的隐蔽性是针对中小股东而言的。按照对中小股东利益的影响，控股股东、最终控制人的行为可以分为直接

行为、结构行为(间接行为)。直接行为是指会对控股股东、最终控制人和中小股东利益产生直接影响的行为,这些行为利益侵占意图明显,相对容易观察,主要包括:关联交易行为、违规担保、资金占用、操纵股利政策(低派现和掠夺性分红)、资产重组、利用融资行为侵占中小股东利益等。结构行为是指通过股东大会、董事会、高管层等影响公司治理结构,进而影响上市公司经营决策,对控股股东、最终控制人和中小股东利益产生间接影响的行为,这些行为往往合法合规,利益侵占意图不明显,行为隐蔽,难以观察,主要包括:操纵董事会(独立性、董事席位)、变更董事长与总经理、变更控股比例、变更控制权与现金流量权分离程度,等等。尽管直接行为相对容易观察,但是由于中小股东与控股股东、最终控制人之间的信息不对称,加上上市公司信息披露的不规范,中小股东很难发现这些行为。往往是行为结果出现时,上市公司利益和中小股东利益已经受到损害时,中小股东才会发现。另外,最终控制人一般通过发行多种股票、交叉持股、金字塔控股等方式控制上市公司,"控制链条"隐蔽。因此对中小股东而言,控股股东、最终控制人的行为具有隐蔽性的特征。

二是自利性。毋庸置疑,作为"经济人"的控股股东、最终控制人,其行为也是为了谋取利益。作为上市公司的投资人,控股股东、最终控制人从上市公司获利无外乎两种:股价上升的资本利得、股利分红的利润分配。如果控股股东、最终控制人的获利是建立在上市公司正常经营所得,或者建立在有利于上市公司经营活动基础上,而非建立在侵害中小股东利益基础上,则其行为具有"正当性"。通常表现为控股股东、最终控制人支持公司治理的行为,也就是起到积极治理作用的利益趋同和利益输送行为;相反,如果控股股东、最终控制人的获利不是建立在上市公司正常经营所得,或者建立在不利于上市公司经营活动基础上,而是建立在侵害中小股东利益基础上,则其行为具有"侵害性"。通常表现为控股股东、最终控制人起到消极治理作用的利益侵占行为。

三是复杂性。控股股东、最终控制人的行为方式多种多样，尤其是随着监管的深入，为了隐蔽自己的行为，控股股东、最终控制人的行为方式越来越复杂，使得中小股东、监管部门难以及时发现侵害中小股东利益的行为。

3.3　控股股东、最终控制人与公司治理效率关系的理论研究

3.3.1　理论分析框架

人们为什么会有这样那样的行为？对此学者们进行过长时间、多方面的研究。著名心理学家库尔特·勒温（Kurt Lewin）的“场理论”（field theory）认为：一个人的行为（behavior）取决于个人（person）和他的环境（environment）的相互作用。心理学认为，人们之所以产生各种各样的行为，出现千差万别的心理活动，其根本原因是个体的需求和外在环境条件不断发生变化并发生相互作用的结果。

当代心理学家认为，人类行为的基本模式是 S-O-R 模式，这里的 S 表示刺激，O 表示人的内在因素，R 表示反应。如图 3-2 所示。

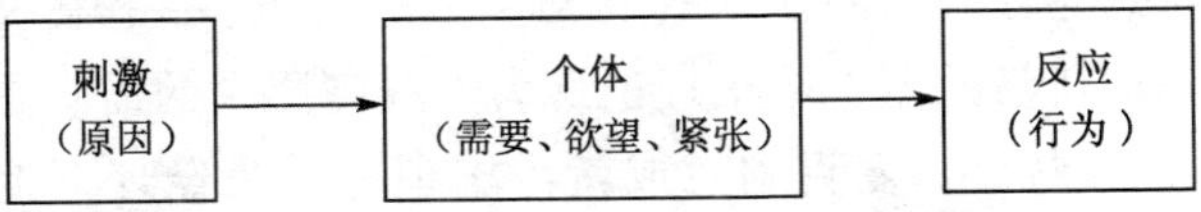

图 3-2　人类行为的“刺激—反应”模式

行为主义学派通过实验研究等实证分析揭示了人们行为产生的模式。人的行为是有目的的，与其个体欲望、需求紧密相关，是

对个体欲望和需求所做出的反应。之所以会产生欲望和需求，是由于个体受到了外在环境的刺激。刺激是外在因素在发生作用，欲望和需求则是人的内在因素。外在因素会对个人产生何种刺激以及刺激的程度，取决于个人的心理状态和其所处的环境。行为的目的是为了满足个人需要和欲望。按照行为主义学派理论的解释，控股股东与最终控制人行为是一种广义的和特殊的行为，是企业行为的人格化。根据人类行为的这一基本模式，不难推断出：控股股东与最终控制人的行为是其需要和欲望所决定的，控股股东与最终控制人的需要和欲望受其所处环境和个人因素的影响。

控股股东与最终控制人行为取决于他们自身的个体特征及其所处的环境。不同的控股股东与最终控制人，其个体特征具有很强的个性而且千变万化。在不同的国家和地区，在同一国家和地区的不同阶段，控股股东与最终控制人所处的环境都存在明显差异，这就会使得他们的需求不同，进而导致行为不同。除了环境差异以外，控股股东与最终控制人对认知环境、适应环境的能力也存在差异，这会导致即使在相同的环境中，不同的控股股东与最终控制人也可能采取不同的行动。

控股股东与最终控制人作为一般意义上的人（或人组成的群体），当然也有一般人所有的基本需求，但是控股股东与最终控制人又不同于一般人，他们掌握着上市公司的控制权，是中小股东的“代理人”。他们的需求与中小股东明显不同。从总体上来看，控股股东与最终控制人的需求具有两个显著特点：一是需求层次相对较高。马斯洛的需求层次理论认为人较高层次的需求是尊重需求和自我实现需求，麦克利兰成就需求理论认为经理人追求的是成就需求和权力需求，克莱顿·阿尔德弗（Clayton Alderfer）ERG 理论中的成长需求（阿尔德弗根据对工人进行大量调查研究的结果，提出把人的需要归为三类，即：生存需要 E-existence、关系需要 R-relation 和成长需要 G-growing，该理论又被称为 ERG 理论)；二是追求经济利益是控股股东与最终控制人的重要需求。作为“经济人”的他们，经济利益可以满足他们对于生活消费水平的更高需求(高于一般人的水平，甚至是“奢侈水平”)。但是，他们所追求的也不仅仅是经济利益，社会地位、声誉和威望等非经济利益也是他们多需要的，但是这些并不能降低经济利益对于他们的重要性。

总而言之，在当前的外部环境下，我国上市公司控股股东与最终控制人的需求主要表现为以下几方面：一是经济利益需求。经济利益需求主要是指控股股东与最终控制人从上市公司获取的各种收益，包括控制权收益。这种需求有两个方面的原因：一方面，经济利益是人们满足生活需要的基础，控股股东与最终控制人一般都会追求相对较高的生活水平，这就需要与之相适应的更高的经济收入；另一方面，在现代社会中，经济收入的多少是衡量个人价值、体现个人能力的重要信息，控股股东与最终控制人获得更高的经济收入会显示其具有更高的经营管理能力。二是安全需求。安全需求主要是指控股股东与最终控制人对其控制权、未来收益人等的保障需要，是其对控制权转移风险的防范和抵御。三是尊重需求。尊重需求主要是指控股股东与最终控制人受到上市公司利益相关者的尊重，主要体现在：其他股东(特别是中小股东)接受和认可其控制地位，社会公众对其公司经营管理决策的认可与赞扬，获得公共评价机构或权威组织的荣誉等等。四是权力需求。在社会组织中，权力就是控制和影响他人行为的能力，它不仅意味着可以指挥别人，也意味着地位和声誉。在上市公司中，控股股东与最终控制人的权力需求是指控股股东与最终控制人对上市公司控制权的需求，这种对上市公司和中小股东施加影响和控制也能为其带来心理的满足。五是成就需求。从心理学的角度来看，成就需求是指一个人达到自己所期望的人生目标，从而获得他人和社会的较高评价，受到社会尊重，实现人生价值。对于控股股东与最终控制人而言,其个人的成就需求不仅体现在个人财富的增长和拥有更大的个人财富,也体现在其所控制的上市公司在激烈的市场竞争中拥有竞争优势,公司不断发展壮大,公司价值不断提升,从而实现事业成功。这种事业成就感会促使控股股东与最终控制人为其控制的公司做出更大的贡献。

根据行为主义学派的理论,人之所以产生各种各样的行为,是由于个体的种种需求和欲望不能得到满足。控股股东与最终控制人在上市公司中的各种行为,其根源是由于其某种需求未得到满足,进而转化成能够满足这种需求的动机和行为。一旦一种需求得到满足,新的需求就会产生,新的动机和行为就会出现。这个过程会不断演进、持续。

另外,人的需求和行为还受到外在环境的影响。外在环境会对个体产生刺激作用,从而改变人的需求和行为。控股股东与最终控制人所处的环境,是由一系列因素构成的集合体。这些环境包括一般环境和任务环境。一般环境并不针对某一具体的企业家,它对生存于其中的全部企业家都产生间接影响。一般环境所作用的对象是某一特定领域内的控股股东与最终控制人。也就是说,一般环境间接影响控股股东与最终控制人的行为。任务环境指的是环境因素中那些对控股股东与最终控制人实现其行为目标的能力有着直接的影响,控股股东与最终控制人行为直接与之相互作用的诸因素集合体。构成任务环境的因素主要是指上市公司的利益相关者和其他因素,其他因素主要有竞争对手、客户、供应商等。与一般环境因素相反,任务环境是指特定控股股东与最终控制人的任务环境,它只对具体控股股东与最终控制人行为发生直接影响,不对其他控股股东与最终控制人行为发生影响。

综上所述,控股股东与最终控制人的行为是在上市公司特定的内外部环境下发生的,其行为深受个体特征与公司内外部复杂环境因素的影响。控股股东与最终控制人的行为是嵌入到上市公司经营活动中的，其影响因素有市场环境、政治环境、资本市场环境、社会与法律环境、公司内部条件与环境等。由于个体差异和外在环境的差异，不同控股股东与最终控制人的需求不同，其行为表现各异。

根据以上分析，结合本章问题，建立如下理论分析框架：

$$E_{cg}=f(Env,Ult,Beh)$$

式中：E_{cg} 代表公司治理效率，Env 代表控股股东与最终控制人所处的环境，Ult 代表控股股东与最终控制人的个体特征，Beh 代表控股股东与最终控制人的行为。

上述理论分析框架的含义是：公司治理效率是控股股东与最终控制人个体特征、行为与其所处环境的函数。

3.3.2　控股股东、最终控制人行为决策模型

现有的研究已经发现，存在大股东的公司，控股股东与最终控制人行为是影响公司治理效率的关键因素。控股股东与最终控制人如何选择行为就成为研究的核心问题。

3.3.2.1　控股股东、最终控制人行为决策的影响因素

如前所述，控股股东、最终控制人行为决策受其个体特征、需要和所处环境的影响。作为理性的"经济人"，控股股东、最终控制人行为之根本目的在于满足其需要，获得各种利益，追求自身利益最大化。但是，毋庸置疑，控股股东、最终控制人行为也是有成本的。控股股东、最终控制人行为决策的影响因素可以归纳为行为收益、行为成本。

(1) 控股股东、最终控制人行为收益

在上市公司中，控股股东、最终控制人之所以能够采取影响公司经营活动的各种行为，是因为控股股东和最终控制人拥有对公司的控制权。国际会计准则对控制的解释是："控制，指统驭一个

企业的财务和经营政策,借此从该企业的活动中获取利益的权利。"由此可见,"控制"能给拥有控制权的人带来收益,即"控制权收益"。

控股股东、最终控制人参与公司治理,采取影响公司经营活动的各种行为,无非是为了得到各种利益,即"控制权私人收益"(private benefits of control)。一方面,"控制权收益"不是控股股东与最终控制人持有控制权而获得的全部收益,而是"控制权私人收益",这部分收益是中小股东无法获得的。具体包括关联交易、对公司机会的利用、利用内幕消息进行交易等形式所获得的全部收益,以及过度报酬和在职消费等控制权收益。另一方面,控股股东、最终控制人行为所拥有的控制权收益包括经济收益、精神收益。经济收益主要是指控股股东、最终控制人获得的各种货币收益,而精神收益则是指控股股东和最终控制人的声誉、实现自我价值等精神方面的满足。

(2) 控股股东、最终控制人行为成本

控股股东、最终控制人要获得和维持其在上市公司的控制权,需要付出成本,称为"控制权成本"。控制权成本一般由两部分构成:一是控制权形成或获取过程中控制者的成本,指获得控制权所需的控股权而为股份集中过程支付的各类成本。这包括:认购其所持股份而支付的成本、为公司设立并上市所支付的相关成本、收购股份所支付的股权价格和收购过程中的交易费用等。二是控制权形成后控制者的责任和风险,即控制权的维护或维持成本。这包括:控股股东与最终控制人承担的比中小股东更大的风险和社会责任以及公司治理成本,控股股东与最终控制人为了防止控制权转移而支付的防御成本,控股股东与最终控制人为获取"控制权私人收益"采取"利益输送行为"的潜在声誉损失和法律诉讼风险、处罚成本,控股股东与最终控制人侵害过程中的组织成本和税负增加,以及利益相关者的抛弃,等等。

3.3.2.2　控股股东、最终控制人行为决策模型

控股股东、最终控制人采取何种行为，是权衡收益与成本后而做出的理性选择。控股股东与最终控制人对小股东的侵害程度取决于控制权的边际收益与其侵害行为的边际成本的权衡。按照其表现形式，控股股东、最终控制人行为成本又可以分为显性成本和隐性成本。显性成本是能够用货币数量衡量的“经济成本”或“货币成本”，主要有控股股东、最终控制人承担的获取控制权的成本、维持控制权成本、被惩罚支付的成本等；隐性成本是不能够用货币数量衡量的“非经济成本”或“非货币成本”，主要有控股股东、最终控制人承担的潜在声誉损失等。

(1) LLSV 模型

对于最终控制人控制权收益的研究，最早提出的是 LLSV 模型(Rafael La Porta，Florencio Lopez-De-Silanes，Andrei Shleifer，and Robert Vishny，2002)。[113] 该模型假定：控股股东股份为 $\alpha(\alpha\geqslant 0)$，上市公司投资总量为 I，回报率为 R，掏空比例为 $s(0<s<1)$，则公司收益 RI，掏空数额为 sRI。掏空的内外部制约因素为 k(其他股东、独立董事、外部审计师；法律对中小投资者的保护、市场环境等)。掏空成本函数为 c(受到 s、k 制约)，$c=c(k,s)$；假定：$c_k>0$(外部环境越好，对投资者保护的程度越高，掏空成本越高)，$c_s>0$(随着掏空的增加，掏空成本也上升)，$c_{ss}>0$(掏空的边际成本递增)，$c_{ks}>0$(随着市场环境的变好，掏空成本递增)。

控股股东总收益：

$$\alpha(1-s)RI+sRI-c(k,s)RI \tag{1}$$

s 独立于 RI，(1)最大化条件：

$$U=\alpha(1-s)+s-c(k,s) \tag{2}$$

对 s 求导(一阶差分方程)，则有：

$$Us=-\alpha+1-c_s(k,s)=0 \tag{3}$$

即：

$$c_s(k,s)=1-\alpha \tag{4}$$

根据式(4)，对 k 求导，则有：

$$c_{ks}(k,s)+c_{ss}(k,s)\frac{ds^*}{dk}=0 \tag{5}$$

即：

$$\frac{ds^*}{dk}=-\frac{c_{ks}(k,s)}{c_{ss}(k,s)}<0 \tag{6}$$

式(6)的经济含义为：投资者保护越好，中小股东受到的侵害越少，侵害程度越低。

根据式(4)，对 α 求导，则有：

$$c_{ss}(k,s*)\frac{ds^*}{d\alpha}=1 \tag{7}$$

即：

$$\frac{ds^*}{d\alpha}=-\frac{1}{c_{ss}(k,s^*)}<0 \tag{8}$$

式(8)的经济含义为：控股股东现金流量权越高，中小股东受到的侵害越少。

设 T_q 为公司价值指标，$q=(1-s^*)R$，这里的 q 是指那些未获得控制权人收益的中小股东对公司的估值。假设：

$$\frac{dq}{dk}-\frac{ds^*}{dk}R<0 \tag{9}$$

$$\frac{dq}{d\alpha}-\frac{ds^*}{d\alpha}R>0 \tag{10}$$

$$\frac{dq}{dR}>0 \tag{11}$$

上述几个式子的含义是：拥有更多法律保护的公司，其 T_q 也更高；控股股东与最终控制人拥有更高现金流量权的公司，其 T_q 也更高；拥有更好投资机会的公司，其 T_q 也更高。

该模型提出了这样一个问题：来源于现金流量权的边际收益

是否随着股东保护的增强而递减？

$$\frac{\mathrm{d}^2 q}{\mathrm{d}\alpha \mathrm{d}k} < 0? \tag{12}$$

原则上，这一问题有一个模棱两可的结果。因为，在好的股东保护下，侵占可能具有昂贵的成本，以至于现金流量权几乎不值得拥有。不幸的是，在一般情况下，这一结果依赖于若干三阶导数的符号。具体来说，求导会产生以下条件：

$$\frac{\mathrm{d}^2 q}{\mathrm{d}\alpha \mathrm{d}k} = -R\frac{\mathrm{d}^2 s^*}{\mathrm{d}\alpha \mathrm{d}k} \tag{13}$$

根据方程(8)，对 k 求导，则有：

$$\frac{\mathrm{d}^2 q}{\mathrm{d}\alpha \mathrm{d}k} = -R\frac{\mathrm{d}^2 s^*}{\mathrm{d}\alpha \mathrm{d}k} \tag{14}$$

$$\frac{\mathrm{d}^2 q}{\mathrm{d}\alpha \mathrm{d}k} = \frac{c_{ssk}(k, s^*) + c_{sss}(k, s^*)\frac{\mathrm{d}s^*}{\mathrm{d}k}}{(c_{ss}(k, s^*))^2} \tag{15}$$

一般来说，我们不能确定最后一个表达式的分子是正数。然而，在具体的成本收益二次方程中，我们可以得到结果。具体地，令：

$$c_{ss}(k, s^*) = \frac{1}{2}ks^2 \tag{16}$$

在这种情形下，所有函数 C 支持的假设和求导结果是：

$$c_{ss}(k, s^*) = 1 > 0, \tag{17}$$

$$c_{ss}(k, s^*) = 0, \tag{18}$$

当成本收益函数是一个二次方程时，控制人现金流量权的估价在股东保护好的国家更低。

(2) 控股股东、最终控制人行为决策模型

LLSV 模型存在着这样的假设：一是控制权收益为货币收益；二是最终控制人的收益表现为对投资收益的占有，而且来源于对上市公司的“掏空行为”。根据本章的分析，控制权收益不仅仅是

货币收益，而且包括非货币收益。控制权收益来源于对上市公司的“掏空行为”，但不仅仅是对公司投资收益的占有。由此可见，需要对 LLSV 模型做出修正。据此，建立如下控股股东、最终控制人行为决策模型：

$$U=R-C \tag{19}$$

式(19)中，U 代表控股股东、最终控制人行为净收益，R 代表控股股东、最终控制人行为收益（总收益），C 代表控股股东、最终控制人行为成本（总成本）。控股股东、最终控制人采取何种行为是其权衡了其行为可能带来的收益与成本后的结果。也就是说，当行为收益大于行为成本，能够获得“净收益”时（$U>0$），控股股东、最终控制人才会采取行为。

控股股东、最终控制人行为收益可以分为货币收益、非货币收益。货币收益可以进一步分为：上市公司经营收益的占有和资产转移。控股股东、最终控制人行为收益与控股股东、最终控制人的持股比例和掏空程度有关。设：控股股东与最终控制人股份为 $\alpha(\alpha\geqslant 0)$，上市公司经营收益为 R_1，掏空比例为 $s(0<s<1)$，则掏空数额为 sR_1。同样，设控股股东、最终控制人由于拥有控制权而获得的精神收益为 R_2，则控股股东、最终控制人行为收益为：

$$R=\alpha(1-s)R_1+sR_1+R_2 \tag{20}$$

控股股东、最终控制人行为成本既包括“掏空成本”，也包括为了取得和维持“控制权”而付出的成本（中小股东不需要付出这些成本）。设显性成本为 C_1，隐性成本为 C_2，则控股股东、最终控制人行为成本为：

$$C=C_1+C_2 \tag{21}$$

综合以上两式，则控股股东、最终控制人行为净收益（设为 U）为：

$$U=[\alpha(1-s)R_1+sR_1+R_2]-(C_1+C_2) \tag{22}$$

控股股东、最终控制人行为受到个体特征、上市公司内外环境的约束。设个体特征为 p，内外部制约因素为 k，掏空行为成本函数为 c，掏空比例为 s，则有：

掏空比例为 $s=s(p,k)$

掏空行为成本 $c=c(p,s,k)$

则控股股东、最终控制人行为净收益(设为 U)为：

$$U=[\alpha(1-s)R_1+sR_1+R_2]-(C_1+C_2) \tag{23}$$

掏空的内外部制约因素为 k(其他股东、独立董事、外部审计师；法律对中小投资者的保护、市场环境等)。受到 s、k 制约，$c=c(k,s)$；在这里，$c_k>0$(外部环境越好对投资者保护的程度越高，掏空成本越高)，$c_s>0$(随着掏空的增加，掏空成本也上升)$c_{ss}>0$(掏空的边际成本递增)，$c_{ks}>0$(随着市场环境的变好，掏空成本递增)。

第4章 控股股东、最终控制人行为与公司治理效率的关系假设与实证设计

本章将在第三章理论研究的基础上，对公司治理结构、控股股东和最终控制人行为与公司治理效率关系进行实证研究。如前所述，公司治理效率具有多重属性特征，表现为多个测度指标。本章将逐一对控股股东、最终控制人行为与公司治理效率指标之间的关系进行实证研究。

4.1 研究假设

4.1.1 公司治理环境与结构对公司治理效率的影响

如前所述，控股股东与最终控制人的行为是在上市公司特定的内外部环境下发生的，其行为深受个体特征与公司内外部复杂环境因素的影响。控股股东与最终控制人的行为是嵌入到上市公司经营活动中的，其影响因素有市场环境、政治环境、资本市场环境、社会与法律环境、公司内部条件与环境等。公司治理外部环境仍然要通过调整公司治理结构，才能达到期望的目的。本章将主要侧重于公司治理内部环境与结构对公司治理效率的影响。

公司治理是为了解决因所有权与经营权分离而产生的代理问题而存在，是对企业组织内外部各要素贡献者(同时也是利益相关者)之间的责任、权力、风险与利益相互匹配的制度安排。这种制度安排可以是显性制度(成文的法律、合约、章程等制度)，也可以

是隐性制度(不成文的市场竞争机制、道德规范等)。据此提出假设：

H1:公司治理环境与结构会对公司治理效率产生显著影响。

公司治理结构就是指股东大会、董事会、高级管理人员之间形成的组织结构,以及在组织中的相互制衡关系。具体表现为董事会结构、董事和高级管理人员持股情况、股东持股情况、高级管理人员报酬情况,以及控股股东与最终控制人的类型等。据此,对 H1 假设进一步细分。

“审计、薪酬与考核、提名、战略”四大专业委员会的设立,与公司治理效率关系密切。尤其是审计委员会自诞生以来,在英美国家一直被认为是公司治理结构中提高公司治理效率的重要机制。我国《上市公司治理准则》规定,公司一旦设立审计委员会,独立董事必须占主导地位并至少包括一名财务专家。在整个公司治理框架中,隶属于董事会,并有独立董事参与的审计委员会地位相对独立,使其能以客观的立场对公司财务信息披露有关的问题做出客观的判断。Forker(1992)指出具有审计委员会的董事会更有利于控制盈余管理,其会计信息披露质量会更好。[234] Klein(2002)研究发现:如果独立董事在审计委员会中占主导地位(独立董事的比例大于 51%),盈余管理水平会显著降低。[235] Ryan 等(2005)研究发现:若非执行董事在审计委员会中占主导地位,操纵性应计项目水平显著降低。[236] 据此假设：

H1-1:董事会中四大专业委员会的设立与否、设立的个数与公司治理效率存在显著的正相关关系。这里的四大专业委员会一般是指“审计”“薪酬与考核”“提名”“战略”等专业委员会。这些专业委员会职能归属与委员会名称在各个公司中大同小异。

董事会是公司的决策机构,既是公司的最高控制系统,又是公司治理的核心。Lipton 和 Lorsch(1992)通过实证研究发现,董事会人数过多尽管会带来一些“好处”,但是这些“好处”会被人数过多而导致的决策延迟和拖拉引起的投资机会丧失、成本增加等问题而抵消。他们发现,当董事会人数在10人以内时,董事会的效率最高,公司治理作用最好。[237] Jensen(1993)的研究则认为,董事会人数过多、规模过于庞大,常常会使董事会的治理功能丧失,董事人数较少的董事会有利于提高公司业绩。[63] Yermack(1996)的实证研究以1984～1991年间452家美国公司为研究对象,发现以托宾Q作为公司市场价值的测度指标,董事会规模与公司价值呈现负相关,他的研究证实了规模较小的董事会具有更高的效率,小规模董事会预示着有利的财务比率,从报酬和免职两个方面为管理层提供更强的业绩激励。[64] Nikos(2000)对采用外部董事报酬激励计划的公司进行了实证研究,发现董事会人数较少的公司其对外发布的信息公告中信息质量较高,隐瞒信息、虚假信息的现象较少出现。[238]国内学者孙永祥和章融(2000)[239]、何卫东和张嘉颖(2002)[240]、李常青和赖建清(2004)[241]的研究认为,董事会规模与公司绩效负相关。沈艺峰和张俊生(2001)在对我国上市公司中被ST(股票特别处理)的公司进行研究发现,董事人数过多是导致公司决策失误的一个重要原因。[242]于东智(2003)对我国上市公司董事会人数与公司绩效的关系进行了实证分析,发现二者之间并非简单的单调递增或者单调递减线性关系,而是呈现“先增后减”的“抛物线形曲线关系”,曲线顶点对应的董事会人数大约为9人。[243]由此可见,大量实证研究文献得出董事会规模与公司绩效呈负相关关系的结论。据此假设:

H1-2:董事会规模与公司治理效率存在显著负相关关系。

监事会是为了监督公司其他高管人员而设立的,但是关于监事会的规范研究和实证研究却很少。本章将对监事会在公司治理中的作用进行实证分析,类似地,假设:

H1-3:监事会人数与公司治理效率存在显著正相关关系。

类似地,为了检验高管人数与公司治理效率之间的关系,进一步假设：

H1-4：高管总人数(包括董事、监事和高级经营管理人员在内)与公司治理效率存在显著负相关关系。

董事长与总经理是公司经营管理过程中的两个关键职位，也是影响公司治理效率的关键职位。长期以来，董事长和总经理能否由同一个人来担任，一直是公司治理研究和讨论的热点。关于这个问题，在理论上存在着三种观点：一是“两职分离论”，认为董事长和总经理这两个职位应该由不同的人员分别担任。这一观点源于委托代理理论。在这一理论中，董事是股东在公司中的代言人，代表着股东的利益，董事会承担着监督包括总经理在内的经理人的责任。如果董事长和总经理由同一个人担任，就会影响董事会决策的独立性，形成总经理自我监督的局面，从而使得董事会对经理人的监督功能降低，总经理产生自利行为的可能性提高，甚至可能使股东利益受损。二是“两职合一论”，认为董事长和总经理这两个职位应该由同一个人担任。这一观点源于现代管家理论。根据现代管家理论，包括总经理在内的经理人所追求的不仅仅是经济利益，不再是机会主义者和“偷懒者”，他们也有着自身非经济利益的需求，例如自尊、成就感和信仰等，因此他们会努力工作，使公司不断发展壮大。董事长和总经理这两个职位由同一个人担任，有利于公司对外在环境的变化做出迅速反应，公司经营管理更加趋于灵活，有助于提高公司绩效，者对公司的利益相关者都有利。三是“不确定论”，认为董事长和总经理这两个职位是否应该由同一个人担任依赖于公司所处的环境。这一观点源自于资源依赖理论。根据资源依赖理论，董事会是否有效，不仅仅取决于董事会本身的人员构成，还依赖于公司所处的环境。要使得董事会在公司治理和公司经营管理中发挥有效作用，董事会的人员构成需要因地制宜，因时而异，不断调整以适应外在环境，最大限度发挥董事会的作用。因此，董事长和总经理这两个职位是否应该分离，需要根据公司所处的环境具体确定。上述这三种观点有相关的实证分析结果来支持,但是相对来说,学者们更倾向于支持第一种观点。本章从代理理论的观点出发,假设:

H1-5:董事长与总经理的两职兼任与公司治理效率负相关。

独立董事是我国上市公司董事会的重要成员。不同于其他董事会成员,独立董事与公司没有经济利益等关联关系,能够对公司决策等事务做出独立判断,是公司治理中一个重要的角色,其设立的初衷在于防止公司控股性股东、管理层侵害其他利益主体利益。独立董事与公司不存在实质性的利害关系,并不在公司中承担董事会以外的管理职务,与管理层之间相互独立,因此能够对公司经营管理活动做出独立判断。独立董事能否做出独立判断的关键在于其"独立性",这种独立性主要体现在其经济利益、权力行使等方面不受控股股东与最终控制人、管理层的限制。独立性是独立董事发挥作用的基础。国内外对于独立董事与公司治理之间关系的研究结论不尽相同。在国外,Fama 和 Jensen(1983)[220],Hernalin 和 Weisbach(1988)[244],Rosenstein 和 Wyatt(1990)[245],William 和 Brown(1996)[246],Friday 和 Sirmans(1998)[247],IRRC(Investor Responsibility Research Center,美国投资者责任研究中心,1997)[248]等的研究表明:独立董事制度与公司业绩、公司市场价值和股票价格正相关。但是,Daily 和 Dalton(1993)[249],Agrawal 和 Knoeber(1996)[250]等学者的研究却表明:董事会中独立董事比例高的公司其业绩反而更差,外部董事制度与反映公司绩效的托宾 Q 具有负相关关系,纯粹由执行董事组成专门委员会对战略、预算等事务进行决策与管理的效果要好于独立董事参与或全部由独立董事组成的专门委员会。Laura Lin(1996)[251],Bhagat 和 Black(1999)[252]等学者认为,关于独立董事的作用并不确定,独立董事的存在可能会提高公司绩效与公司价值,也可能降低公司绩效与公司价值,是否能有效发挥其功能依赖于独立董事及其公司所处的环境和行业。在国内，吴淑琨等(2001)对我国上市公司非执行董事与公司绩效的实证研究结果表明，独立董事在董事会人数中所占比例越高则公司绩效越好，两者呈现显著正相关关系，而且独立董事比例越高则董事长与总经理两个职位越趋于分离。[253]高明华和马守莉(2002)通过对我国独立董事制度的实证分析，发现当以 ROE(净资产收益率)和 EPS(每股收益)作为公司业绩测度指标时，独立董事比例与这两个指标相关关系并不显著，从而认为独立董事是否存在以及独立董事制度的实施与我国上市公司业绩并不存在正相关。[254]胡勤勤和沈艺峰(2002)对 41 家设立独立董事的上市公司的实证分析发现，也发现独立董事的存在未能明显改善公司业绩，认为上市公司业绩并不受独立董事的影响。[255]于东智(2003)的研究结果表明，我国上市公司中独立董事与监事会同时存在，二者之间必然产生功能冲突，影响它们治理功能的发挥，实证分析结论表明独立董事制度与以净资产收益率和主营业务收益率作为测度指标的公司绩效无关。[243]邵少敏等(2004)以浙江省的上市公司为研究对象，发现独立董事制度的设立能够对"内部人控制"起到很好的制约作用，有利于改善公司治理效率，但是监事会与独立董事制度中间存在着冲突，这会限制独立董事治理功能的发挥。[256]从以上研究中可以发现，国内外学者对于独立董事制度的研究结论各不相同，这些研究结论大部分建立在实证分析的基础之上，产生研究结论差异的重要原因可能是由于在水中分析过程中采用了不同的样本和数据以及研究时间的不同。本章从独立董事制度设立的初衷出发，根据委托代理理论，结合上述研究结论，提出以下假设：

H1-6：独立董事比例与公司治理效率正相关。

管理层持股作为一种激励机制(这里的管理层主要是指事实上或依法掌握了公司控制权的高层人员，包括董事会成员，总经理(总裁、CEO)，副总经理(总裁)，财务总监，监事会成员，董事会秘书等,不包括一般管理人员和内部职工),对公司治理的影响一直是公司治理研究领域的热门话题。Jensen 和 Meckling(1976)早就认为,管理层(特别是高层管理人员)持股比例提高,会降低他们和其他股东的利益冲突,从而降低委托人和代理人之间(也就是所有者和经营者、大股东和中小股东之间)代理成本,提高公司绩效。[3] Fama 和 Jensen(1983)的研究认为,管理人员提高其持股比例反而减少了在股票市场上流通的公司股票数量,公司股票流动性就会下降,这会提高公司融资成本和资本成本,进而降低公司市场价值。[220] Jensen 和 Warner(1988)对经营者持股的影响进行了更深入的研究,他们认为管理层(特别是高层管理人员)持股比例过高,董事会有可能被公司管理层所控制,形成"内部人控制",股东(特别是中小股东)利益就会因此而受到侵害,公司市场价值降低。[257] Morck 等(1988)[61],McConnell 和 Servaes(1990)[258],Cui 和 Mak(2002)[259]的实证研究发现,经营者持股与公司绩效呈 N 形、倒 U 形和 W 形非线性相关关系。Mehran(1995)研究发现,CEO 持股比例与公司业绩之间存在着显著的正相关关系。[260] Morck 等(1988)[61],McConnell 和 Servaes(1990)[258],Barnhart 和 Rosenstein(1998)[261]等学者的研究发现,Tobin'Q 值与管理层持股比例呈现出倒 U 形的曲线关系。Hermalin 和 Weisbach (1991)通过研究也发现 CEO 持股比例与公司业绩不是呈单调线性关系。[225] Core 和 Larcker(2002)的实证研究发现:经营者持股与公司绩效正相关。[262] 袁国良等(2000)[263],魏刚(2000)[264],谌新民和刘善敏(2003)[265]等学者的研究发现,上市公司高层(指董事,监事和经理人员)持股比例与净资产收益率(ROE)的相关性很低或基本不相关。许承明和蹼卫东(2003)的实证研究表明,董事会成员、高级管理人员持股比例与总资产收益率(ROA)存在显著的负相关关系,董事长和 CEO 持股比例与 Tobin'Q 值和总资产收益率显著正相关。[266] 余明桂和夏新平(2004)的实证研究发现,控股股东不利于公司治理，建议降低控股股东的持股比例和董事会席位比例，减少控股股东担任上市公司的高级管理职位，以缓解控股股东与小股东之间的代理冲突。[267]上述文献的研究结果表明，对管理层持股与公司治理关系的理论研究和实证研究结论不一。依据 Jensen 和 Meckling(1976)的代理理论，管理层(特别是高层管理人员)持股比例提高会降低他们和其他股东的利益冲突，据此提出以下假设：

H1-7：持股董事比例、董事会持股比例、高管人员持股比例、董事长持股比例以及总经理持股比例，与公司治理效率呈正相关关系。

H1-8：直接控股股东持股比例与公司治理效率呈负相关关系。

高管薪酬是公司治理结构的重要组成因素。Jensen 和 Murphy(1990)对上市公司 CEO 的薪酬与业绩关系进行了研究，在采用股权作为高管人员的薪酬时公司业绩与薪酬的相关度最高，但是在过去 50 年间高管人员持有公司股票的比例在下降，这意味着股权激励对业绩提升的作用在降低。[268]DeFusco 等(1990)管理层股票期权计划的批准伴随着正比的股票收益和反比的债券市场反应。[269]Leonard(1990)通过对美国公司的比较发现，那些有长期股权激励计划的公司 ROE 显著高于那些没有股权奖励计划的公司。[270]Abowd(1990)则对现金报酬与该业绩的关系进行了研究，发现高管层现金奖金的增加能够提高股东报酬率。[271]Mehran(1995)股份支付的 CEO 薪酬与托宾 Q 值和财务基本收益(ROA)呈正比。[260]Bloom 和 Milkovich(1998)基础工资和股票收益成正比，但是和奖金支付无关。[272]Anderson 等(2000)研究发现，奖金及购股权股份增加提高了整体薪酬水平和激励的程度，会对公司业绩产生积极影响。[273]Palia(2001)则认为，管理层薪酬和公司业绩关系不大。[274]Evans 和 Evans(2001)CEO 薪酬(基础工资+奖金)和公司后来的 EVA 不相关。[275] Carpenter 和 Sanders (2002)对高管团队的薪酬进行研究发现,CEO 薪酬与高管团队薪酬互为补偿,公司业绩与公司价值的增长依赖于高管团队的薪酬激励与支付情况。[276] Sesil 等(2002)对"新经济"公司(类似于我国所称的高科技企业)的股权激励进行了研究,发现这类公司大都为员工提供了股权激励计划,相比之下有股权激励计划的公司市场价值与股东回报率更高。[277] 根据委托代理理论,为提高高管层积极性,需要对高管层实施激励制度。最常见的方式,董事、监事和其他高级管理人员为公司提供劳务,公司向董事提供基本的报酬或津贴,作为高管激励的基本手段,提出假设:

H1-9:领取报酬的董事比例占董事总人数比例、高级管理人员(包括董事、监事和其他高级管理人员)年度报酬总额占收入比例与公司治理效率存在显著正相关。

在上市公司中,尽管不存在控股股东或者实际控制人、最终控制人,但是不同股东之间存在着关联关系,这些有关联关系的股东往往存在共同利益,形成"利益共同体",结成"行动一致人"。这些"行动一致人"在公司运营过程中,可能会产生危害其他股东利益的行为,因此股东之间的关联关系会对公司治理效率产生重要影响,前十大股东是否存在关联关系是反映股东之间是否存在关联关系的重要变量。结合上述研究结论,提出以下假设:

H1-10:前十大股东是否存在关联关系与公司治理效率存在显著相关。

控股股东与最终控制人对公司治理效率的影响日益受到关注。Demsetz(1983)[85],Demsetz 和 Lehn(1985)[86],Shleifer 和 Vishny(1986)[87]等学者的研究基本都得到一致的结论:即使在美国等发达国家大公司股权结构也是适度集中,大股东普遍存在,公司的主要代理问题是控股股东掠夺小股东,而不是职业经理侵害外部股东利益(La Porta 等 1999[88];Claessens 等,2000[89];Faccio

和 Lang，2002[90]；Cronqvist 和 Nilsson，2003[91]）。在新兴国家，学者们也发现有两类代理问题广泛存在，第一类是主流公司治理研究中股东与经理人之间的代理问题，第二类是股东之间的代理问题(principal principal agency problem)，即大股东与小股东之间的冲突，冲突的结果常常是对小股东财产的侵占。与发达国家相比，由于对投资者保护的不足和大股东相对更高比例的股权，第二类代理问题在新兴国家更加突出(Dharwadkar 等 2000[94])。这是因为大股东几乎获得了公司的全部控制权，并用它来实现控制权的私人收益。Bertrand 等(2002)，Lemmon 和 Lins(2003)等学者的研究均表明，亚洲国家和地区上市公司普遍存在的严重问题也是大股东恶意侵占中小股东的利益问题，存在着广泛的大股东隧道挖掘行为。[99-100]在国内，唐宗明和蒋位(2002)研究表明，国内上市公司大股东侵害小股东的程度远高于美英国家。[106]在国外，Shleifer 和 Vishny(1997)[17]，La Porta 等(1998)[95]等学者的研究发现，在大多数国家存在着最终控制人，通过金字塔持股或交叉持股方式进行控制。Claessens 等(2000)参考 La Porta 的研究方发现，东亚 9 个国家的家族控制广泛存在，家族控制会引起控制权与市场评价(公司市场价值)呈负相关。[89] Faccio 和 Lang(2002)研究发现，欧洲除英国等少数国家外，上市公司最终控制者为家族的比例大多为 50%。[90]Cronqvist 和 Nilsson(2003)对瑞典 309 家上市公司的控制性股东的代理成本进行了实证分析，发现最终控制性股东(即最终控制人)代理成本普遍存在，而且家族类型最终控制人的存在会引起公司价值显著降低，说明家族型最终控制人的代理成本更高。[91]在国内，学者们的研究认为，终极所有人通过控制上市公司第一大股东成为最终控制人，由此产生最终控制人与小股东之间的代理冲突。刘芍佳等(2003)、叶勇等(2005)在其研究中，一致认为我国上市公司最终控制人大部分是具有政府背景的公司或者其他机构，这些公司中政府直接作为股东的公司其业绩反而较差。[172,174]赖建清和吴世农(2005)用变量“BR”作为衡量最终控制人两权分离的指标,“BR”是最终控制人在董事会中拥有的代表其利益的董事比例、最终控制人持有股份比例之间的差额。[175]孙健和陈良华(2005)认为,赖建清的“BR”作为绝对指标并没有反映出最终控制人两权分离情况,他给出了反映最终控制人的成本(现金流量权)与收益(控制权收益)的变量“CB”。“CB”是相对指标,是最终控制人所有权(也就是现金流量权)比例与最终控制人在董事会中拥有的代表其利益的董事比例之间的比值。[176]夏立军和方铁强(2005),徐莉萍等(2006)的研究发现,不同性质、不同相对持股比例(与其他股东持股比例相比)的最终控制人对公司经营业绩、公司市场价值影响程度不同。[177-178]结合上述研究结论,提出以下假设:

H1-11:直接控股股东性质、实际控制人性质和最终控制人性质与公司治理效率存在显著相关。

两权分离度,是指控制权与所有权之间的差值。所有权又称现金流量权,又称为表决权。控制权又称表决权、现金流量权,是指实际控制人通过一致行动、多重塔式持股、交叉持股等方式拥有的上市公司的所有权。在国外,Shleifer 和 Vishny(1997)指出,控制权和现金流量权的分离将会加速控制人的利益侵占行为。[17] La Porta 等(1998)发现,控制权与现金流量权的分离是降低企业价值的重要因素,控股股东剥削少数股东,并由此产生代理冲突。[95] Lemmon 和 Lins(2003),Joseph 和 Wong(2002)等学者对东亚地区上市公司研究发现,东亚公司表决权普遍集中在家族手中,两权分离严重,这就降低了会计盈余与股价的信息含量,使得最终控制人有能力和动机剥夺少数股东利益。[100,183] Bebchuk 等(1999)构建模型说明,当控制权和现金流量权分离时,控制性大股东有更强烈的动机通过关联交易转移上市公司利润从而攫取控制权私利。[150] Claessens 等(2000)研究发现,最终控制人的现金流量权与控制权之间偏离的程度越大，其侵占上市公司利益的动机就越强烈，上市公司绩效与控股股东现金流量权正相关(与控制权负相关)，而且控制权和现金流量权之间的分离水平越高则业绩越差。[89]在国内，苏启林和朱文(2003)研究发现，家族类上市公司控制权与现金流量权的分离造成控制性家族与中小股东的代理冲突，导致上市公司价值降低。[185]杨兴君等(2003)[187]，马连福等(2007)[196]等学者的研究发现，国内民营企业普遍使用金字塔结构控制多家上市公司，加剧了控制权和现金流量权的分离，民营企业控制多家上市公司导致公司价值降低。徐晋等(2005)从控制权与现金流量权分离的视角研究了大股东终极控制的模式与隐性收益，通过建立一个模型分析了大股东掠夺行为产生的机理，发现大股东能够用较少的现金流量权来实现对公司的实质控制是掠夺行为产生的本质原因。[189]谷祺等(2006)对我国家族类最终控制人拥有控制权的上市公司研究表明，这类上市公司市场价值与现金流量权比例显著负相关，与控制权比例显著负相关，与独立董事人数占董事会比例、负债规模、净资产收益率均不相关，与公司规模显著负相关；公司规模与现金流量权与控制权的分离率显著负相关。[191]李善民等(2006)的实证研究结果表明，控制权和现金流量权的分离对公司财务绩效存在显著的影响，分离程度越高财务绩效越差，家族控制上市公司绩效整体上比国有控制的上市公司绩效差。[192]叶勇等(2007)的研究发现了我国上市公司存在“隐性终极股东”，他们控制权与现金流量权偏离，偏离程度越高公司价值越低。[198]马忠和陈彦(2008)分析了我国上市公司金字塔型所有权结构下最终控制人对于上市公司的利益输送、利益侵占，发现在金字塔结构下，当最终控制人的控制权相对于其他股东处于弱势地位时，其能够与其他股东(特别是大股东)共同分享利益，有利于提高公司价值；当最终控制人的控制权是绝对控股股东，控制权独享，其也会与中小股东之间形成利益趋同，有利于提高公司价值；

当最终控制人的控制权处于上述两种情况中间地带时(不很强也不很弱),其常常会采取侵害其他股东利益的行为,降低公司治理效率,不利于公司价值的提高。[148]刘运国和吴小云(2009)研究发现,最终控制人性质不同,金字塔控制层级、控制权和现金流量权的分离与控股股东占用的上市公司资金之间相关关系显著性不同。[201]结合上述研究结论,提出以下假设:

H1-12:两权分离度与公司治理效率呈显著负相关。

4.1.2 控股股东与最终控制人的行为对公司治理效率的影响

国内外学者进行的大量实证研究发现,大股东隧道挖掘行为普遍存在,而且隧道挖掘行为客观上导致了中小股东利益被侵占、资本市场信息不对称加剧、市场资源配置效率低下等不良后果。据此假设:

H2:控股股东与最终控制人的行为会对公司治理效率产生显著影响。

在国外,Johnson 等(2000)等发现使公司中小股东利益受到侵害的隧道挖掘行为主要表现为两种形式:一是大股东通过关联交易等手段将公司资源转移给自己或将自身风险转嫁到公司,如直接的偷窃或欺诈、关联交易、资产转移、利用转移定价进行内部交易、担保、侵占公司投资机会和操纵股利政策等等,这种现象在转轨经济国家尤其明显。[96]Claessens 等(2000)也有同样发现;二是采用特殊的财务安排向大股东转移公司利益,如以低于市场价格回购中小股东股票,通过额外的股份发行来稀释小股东的权益等。[89]在国内,余明桂和夏新平(2004)发现,我国控股大股东会通过盈余管理来进行隧道挖掘并攫取控制权私人收益。[267]谭劲松和郑国坚(2004)的实证研究发现,企业控制股东存在隧道挖掘的长期动机,大股东会权衡使用利益输入和利益输出两种隧道挖掘手段,也会利用法律监管制度的不完善,对隧道挖掘过程进行透明度管理。这些手段包括:关联交易、变更会计政策不实的信息披露等。[118] Jian 和 Wong(2003)通过对国内上市公司关联交易研究,证实了我国存在大股东隧道挖掘行为。[107] 李增泉等(2004)研究发现,大股东可以凭借其控制权,通过资金占用等方式对公司资产和利润进行隧道挖掘。[109] 贺建刚等(2004)研究发现,大股东存在通过向上市公司出售资产的关联交易进行隧道挖掘。[110] 刘峰等(2004)研究发现,大股东持股比例高,则倾向于以高派现、关联交易等方式实现隧道挖掘;大股东持股比例低,则倾向于以股权转让、担保和占用等方式实现隧道挖掘。[135] Lee 和 Xiao(2004)研究表明,放弃认购权和配股后的现金股利分配意味着大股东实际上是卖出部分非流通股股票以获得实际利益,现金股利成为大股东隧道挖掘的一种手段。[111] 封思贤(2005)认为,最常见的隧道挖掘手段包括关联交易、盈余管理和股利分配政策制定等等。[278] 唐清泉和罗党论(2006)指出,大股东通过各种手段来对上市公司进行隧道挖掘,对上市公司造成了巨大危害,也严重损害了中小股东利益。[111] 张光荣和曾勇(2006)研究发现,大股东主要通过向公司出售资产、占用公司资金、利用公司提供贷款担保等途径实施转移资源的隧道挖掘行为。[120] 结合上述研究结论,进一步提出以下假设:

H2-1:关联交易涉及金额占收入比例、关联交易次数与公司治理效率呈显著负相关。

H2-2:是否分红与总经理变更及公司治理效率呈显著正相关。

董事会对公司的发展目标和重大经营活动做出决策,聘任经营者,并对经营者的业绩进行考核和评价,处于公司法人治理结构的枢纽地位,对公司生存与发展具有决定性作用。Byrd 和 Hickman(1996)[279] 认为频繁的董事会会议更可能使董事从股东的利益出发履行职责,有助于董事会与经营者相互沟通、了解公司经营情况及监督经营者。Conyon 和 Peck(1998)指出董事会会议次数是提高董事会效率的一个重要来源。[280] Kula(2005)研究发现董事会的会议次数越多,盈余管理程度越轻,说明董事会行为在控制盈余管理时表现出有效性。[281] 国内的李常青(2004)研究表明,会议次数每年在 3～5 次时盈余管理比较小,然后随着董事会会议次数的增加盈余管理也跟着增加。[282] 王艳(2007)等发现董事会的会议次数越多,盈余管理程度越轻。董事会的会议次数在一定程度上反映了董事会上作的勤勉程度,从信息交流上看,董事会的会议次数多有利于董事之间的信息沟通,但与董事会的治理效率没有直接的联系,其在公司信息披露中发挥的作用还有待于实证检验。[283] 董事会会议还有不同的形式,有些公司的董事会会议是以通讯方式进行的。监事会作为公司中的监督机构,会议是其主要的工作方式,监事会会议的多少也关系到公司治理效率。股东大会出席率同样也是反映股东行为的重要指标。根据以上分析,提出以下假设:

H2-3:年度内董事会的会议次数、年度内股东大会的会议总次数、监事会会议次数、股东大会出席率与公司治理效率存在显著正相关。年度内以通讯方式召开的董事会会议次数与公司治理效率存在显著相关。

董事长与总经理变更是公司治理研究关注的问题之一。Gilson(1989)研究发现,财务困境与高管人员变更之间密切相关。[284] Murphy 和 Zimmerman(1993)研究发现,CEO 变更前后经营业绩会发生变化。[285] Defond 和 Hung(2004)认为,对投资者提供强大的法律保护能够提高公司治理效率,这种法律保护的一个重要方面就是经营业绩较差的 CEO 的鉴别与更换,其实证研究发现强有力的执法机构能够明显提高 CEO 更换与公司业绩之间的关联度,在对投资者法律保护程度较高的国家股票价格和股票收益也与 CEO 更换之间有着较高的关联度。[286] Firth 等(2006)研究发现，公司的盈利能力与董事长变更负相关。根据公司治理理论，高效率的公司治理能够及时惩罚经营业绩较差的公司管理层（特别是高级管理人员），董事长和总经理在公司决策以及公司的经营管理中扮演着重要的角色，公司经营业绩的好坏与他们紧密相关。[287]因此，当以公司经营业绩作为公司治理效率的测度指标时，董事长与总经理变更与公司治理效率之间的关系密切。结合以上理论分析和已有的研究结论，提出以下假设：

H2-4：董事长与总经理变更与公司治理效率呈显著相关。

总资产周转率，是指营业收入与平均资产总额的比值，本指标反映资产总额的周转速度。资产周转越快，反映销售能力越强，而销售能力则是企业经营运转状况好坏的具体体现。企业经营运转状况好坏与公司高管层的努力程度息息相关。一般情况下，高管层越是努力，企业经营运转状况就越好，总资产周转率也就越高。高管层消极工作，虽然没有导致企业资金流出，但导致同样资产规模下企业收入能力下降，总资产周转率降低。而高管层的努力与否，在很大程度上取决于控股股东与最终控制人参与公司治理的程度，总资产周转率是衡量控股股东与最终控制人行为的隐性指标。据此，提出假设：

H2-5：总资产周转率与公司治理效率呈显著正相关。

4.1.3　公司治理结构对控股股东与最终控制人行为的影响

如前所述，控股股东与最终控制人行为取决于他们自身的个体特征及其所处的环境。公司治理是一种制度安排，它对公司相关利益主体之间的权利、义务与责任做出了规定，提供了不同利益相关者之间冲突的解决机制。制度是一个社会的博弈规则（game rule），这些规则约束和决定了社会中不同博弈参与者的行为选择与行为方式。制度在一个社会中的主要作用是建立人们互动的稳定结构（未必是有效率的），以降低不确定性。制度可以影响人们的行为选择。作为不完整契约的制度，为人们的行为提供了“参照点”，人们在既定的制度下行使自己的“选择权”，采取不同的行为，以使得自身利益最大化。在公司中，不同利益主体之间存在着相互制约、相互依赖的关系，在处理这些关系的过程中，相关利益主体的行为必然受到其周围的环境与制度。公司治理结构是公司相关利益主体之间行为发生冲突时的解决机制，也是构成相关利益主体行为的环境因素。因此，公司治理结构必然会对控股股东与最终控制人的行为产生显著影响。据此提出以下假设：

H3：公司治理结构特征与控股股东与最终控制人的行为存在显著相关关系。

4.1.4 待证假设汇总

表 4-1 待证假设汇总表

序号	内容
H1	公司治理环境与结构会对公司治理效率产生显著影响
H1-1	董事会中设立“审计、薪酬与考核、提名、战略”专业委员会的上市公司，公司治理效率较高。四大专业委员会的设立与否、设立的个数与公司治理效率存在显著的正相关关系
H1-2	董事会规模与公司治理效率存在显著负相关关系
H1-3	监事会人数与公司治理效率存在显著地正相关关系
H1-4	高管总人数(包括董事、监事和高级经营管理人员在内)与公司治理效率存在显著负相关关系
H1-5	董事长与总经理的两职兼任与公司治理效率负相关
H1-6	独立董事比例与公司治理效率正相关
H1-7	持股董事比例、董事会持股比例、高管人员持股比例、董事长持股比例以及总经理持股比例，与公司治理效率呈正相关关系
H1-8	直接控股股东持股比例与公司治理效率呈负相关关系

续表 4-1

序号	内　容
H1-9	领取报酬的董事比例占董事总人数比例、高级管理人员(包括董事、监事和其他高级管理人员)年度报酬总额占收入比例与公司治理效率存在显著正相关
H1-10	前十大股东是否存在关联关系与公司治理效率存在显著相关
H1-11	直接控股股东性质、实际控制人性质和最终控制人性质与公司治理效率存在显著相关
H1-12	两权分离度与公司治理效率呈显著负相关
H2	控股股东与最终控制人的行为会对公司治理效率产生显著影响。
H2-1	关联交易涉及金额占收入比例、关联交易次数与公司治理效率呈显著负相关
H2-2	是否分红与总经理变更及公司治理效率呈显著正相关
H2-3	年度内董事会的会议次数、年度内股东大会的会议总次数、监事会会议次数、股东大会出席率与公司治理效率存在显著正相关。年度内以通讯方式召开的董事会会议次数与公司治理效率存在显著相关
H2-4	董事长与总经理变更与公司治理效率呈显著相关
H2-5	总资产周转率与公司治理效率呈显著正相关
H3	公司治理结构特征与控股股东与最终控制人的行为存在显著相关关系

4.2　实证框架

结合前面的理论分析,我们认为:公司治理结构受到外界环境的影响,同时上市公司控股股东与最终控制人的行为受到公司治理环境与结构的影响,而控股股东与最终控制人的行为则最终影响了公司治理效率。公司治理环境结构与控股股东与最终控制人行为、控股股东与最终控制人行为与治理效率之间存在着某种必然的联系。公司治理环境与结构、控股股东与最终控制人行为、公司治理效率之间存在着因果关系,即公司治理环境与结构决定控股股东与最终控制人行为,控股股东与最终控制人行为决定其所控制公司的公司治理效率。

图 4-1　基于"环境、结构—行为—效率"模型的实证框架

4.3　研究方法与工具

从对公司治理已有的实证研究文献来看,大多数研究者采用时间序列数据、横截面数据和普通最小二乘法(OLS)模型进行检验。

本章依托资本市场的公开数据,利用面板数据(Panel Data)分析公司治理结构、控股股东和最终控制人行为与公司治理效率之间的关系。

本章的数据来源于资本市场数据和调查数据。对上市公司资本市场的数据处理,先运用 Excel 对研究范围的基础数据进行计算和初步分析,再用 Stata 软件进行进一步的计算和分析。所有数据利用 Excel 和 Stata 等数据分析软件完成计算和分析过程。

第 5 章　实证检验、结果与讨论

5.1　研究样本与数据

本章选取了 2003～2011 年期间的沪深 A 股上市公司为研究样本，整体样本是一个跨越了 9 个年度的非均衡面板数据样本集。之所以数据从 2003 年开始，是由于我国证监会要求上市公司从 2003 年起披露有关控制人信息。为了使得分析结果可信、有效，消除异常样本对研究结论的影响，对样本的筛选就很重要。本章对样本做了如下处理：① 由于金融业上市公司的特征与其他类型的公司差异很大，考虑到行业的特性，本书选择国内非金融类上市公司 2003～2011 年的数据为原始研究样本。② 考虑到极端值对统计结果的不利影响，本研究剔除了股东权益为负和每股净资产小于 1 的上市公司。因为这些上市公司亏损严重，属于异常数据。③ 通过查阅公司年报和网上资料对数据库中数据不全的公司进行补充后，仍然发现一些上市公司的部分指标数据难以补缺，为了保证研究资料的一致性，故将这些数据缺省公司予以剔除。④ 为了使得所获得的样本数据更具有可比性，分析结果更加符合客观实际，对于上市不足三年的公司予以剔除。⑤ 由于主要相关变量的奇异值和影响点往往对分析结果影响较大，不能真实地反映数据的总体特征，本章剔除了托宾 Q(Tq)位于“均值 $\pm 3\sigma$”的上市公司。

依据上述标准对样本进行筛选后，最后得到本章所需的

11475个有效观测样本,其中:2003年1206家公司,2004年1265家公司,2005年1265家公司,2006年1280家公司,2007年1295家公司,2008年1298家公司,2009年1291家公司,2010年1289家公司,2011年1286家公司。样本总计涉及1300家公司,其中,上海证券交易所上市公司833家,深圳证券交易所上市公司467家。

样本的观测数据主要来源于国泰安金融数据库(CSMAR),部分数据来源于色诺芬中国经济金融数据数据库(CCERDATA)、巨灵财经数据库(GENIUS FINANCE)。通过中国上市公司网站(www.cnlist.com)、巨潮资讯(www.cnicfo.com)等发布上市公司公开数据的网站,我们对部分不一致的数据和缺失数据进行了必要的修正和补充。数据的补充和修正原则是:通过公司年报和上述网站进行追溯调整。

5.2 变量及其数据来源

5.2.1 公司治理效率变量

鉴于公司治理效率的多属性特征,我们从公司运营成本费用、公司价值、公司收益、公司遵守各项法规情况等四个方面来衡量公司治理效率。公司运营成本采用期间费用率作为测度指标,公司价值采用通用的托宾Q作为测度指标,公司收益采用净资产收益率、总资产报酬率分别作为测度指标,公司遵守各项法规情况采用公司违规次数作为测度指标。

相应地,被解释变量分别为:期间费用率、托宾Q、净资产收益率、总资产报酬率、违规次数。

期间费用率=(管理费用+营业费用)÷营业收入×100%

期间费用是公司在经营过程中付出的间接成本。期间费用率越高，则公司为实现收入花费的支出越多，利润越低。这一比率能够反映管理层在公司经营管理过程中为降低成本所做出的努力程度。期间费用率低，说明公司管理层付出的努力越多，管理层与股东之间的利益一致性强，“代理问题”程度较低，相应地公司治理效率也就越高。

托宾 Q=市场价值÷期末总资产(市场价值=股权市值+净债务市值)

其中：非流通股权市值用流通股股价代替。公司存在的股东与经理人员、大股东与中小股东之间的“代理问题”程度越低，公司就会为资本市场所“追捧”，公司的市场价值就越高，公司治理效率越高。

净资产收益率=净利润÷股东权益×100%

净资产收益率越大，公司治理效率越高。

总资产报酬率=(净利润÷平均资产总额)×100%

平均资产总额=(期初资产总额+期末资产总额)÷2

总资产报酬率越大，公司治理效率越高。

违规次数是指违反有关法律法规，被证监会、交易所等监管机构处罚的次数。各种违规行为一般都表现为管理层侵犯股东利益，或者是大股东侵害中小股东利益。因此，违规的存在意味着公司治理效率较低。违规次数越多，公司治理效率也就越低。

表 5-1　　公司治理效率变量列表

变量名	变量代码	数据来源
期间费用率	OGR	根据公司年度财务报告数据计算
托宾 Q	Tq	资本市场数据
净资产收益率	Roe	公司年度财务报告数据
总资产报酬率	Roa	公司年度财务报告数据
违规次数	Number_of_offence	根据资本市场数据整理

5.2.2 公司治理结构变量

根据前面章节的理论分析与待证假设,本研究采用以下公司治理结构变量:

四大专业委员会是否设立:董事会内部是否设立“审计、薪酬与考核、提名、战略”专业委员会。如果设立了上述四个专业委员会,则变量赋值1;如果没有设立上述四个专业委员会,则变量赋值0。

四个专业委员会设立个数:董事会内部“审计、薪酬与考核、提名、战略”专业委员会设立的个数,最大值为4(表示四个专业委员会全部设立),最小值为0(表示一个专业委员会也没有设立)。

董事会规模:年度末董事会的成员总人数。公司董事人数可能在年度内发生变化,为了统计分析方便,我们取年度末的数值。有鉴于此,本章涉及的类似其他变量,也都取年末数值。

监事会人数:年度末监事会的成员总人数。

高管总人数:年末本公司所有董事、监事和高级管理人员总人数。

董事长与总经理的两职设置状况:年度内董事长、总经理这两个职位是否由同一人担任。如果董事长与总经理由同一人担任,则给该变量赋值“1”;如果董事长与总经理分别由两个人担任,则给该变量赋值“2”。

独立董事比例:年末独立董事人数所占董事会总人数的比例。

持股董事比例:年末持有本公司股票的董事人数占董事会成员数的比例。

董事会持股比例:年末董事会成员所持有股份占公司总股份的比例。

高级经理人员持股比例:年度末公司高级经理人员(不包括非执行董事)所持有的公司股票总数占总股本的比例。

董事长持股比例：年末董事长持有的股份占公司总股本的比例。

总经理持股比例：年末总经理持有的股份占公司总股本的比例。

直接控股股东持股比例：直接控股股东直接持有上市公司股份的比例，该数据根据股权控制链计算所得。

领取报酬的董事比例：当年在上市公司领取报酬的董事占董事总人数比例。

领取报酬的高管比例：当年在上市公司领取报酬的高管（含董事、监事和高管）人数占高管总人数比例。

高级管理人员薪酬比例：当年高级管理人员（包括董事、监事和其他高级管理人员）年度报酬总额占营业收入的比例。

前十大股东是否存在关联：公司持股比例排在前十位的股东之间是否存在关联关系。若不存在关联＝1；存在关联＝2；不能确定＝3。

直接控股股东股份性质：直接控股股东持有股份的性质。综合现有数据，结合学术界等方面对直接控股股东分类的基础上，对直接控股股东性质分为以下类型，并对该变量分别赋值：国家股、国有股、国有法人股＝1，境内法人股＝2，境内自然人持有股份＝3，境外法人股＝4，境外自然人持有股份＝5，流通 A 股＝6，流通 B、H 股＝7，社会法人股＝8，未流通股份＝9，优先股＝10。国家股、国有股、国有法人股归为一类，是因为这些股份的持有人均具有国家、政府背景，其行为特征及其影响因素相似。

实际控制人性质：对于实际控制人的界定，不同的学者提出了不同的观点，本研究前面也对其做了定义和解释。为了能够获取研究数据，本研究的实际控制人按照《上市公司收购管理办法》（中国证券监督管理委员会令第 10 号第六十一条）的标准进行界定："如果收购人有下列情形之一的，构成对一个上市公司的实际控制:在一个上市公司股东名册中持股数量最多的,但是有相反证据的除外;能够行使、控制一个上市公司的表决权超过该公司股东名册中持股数量最多的股东的;持有、控制一个上市公司股份、表决权的比例达到或者超过百分之三十的,但是有相反证据的除外;通过行使表决权能够决定一个上市公司董事会半数以上成员当选的;中国证监会认定的其他情形。"在综合现有数据,结合学术界等方面对实际控制人分类的基础上,我们把实际控制人按照其性质分为以下类型,并分别赋值:具有国家、政府等背景的企业=1,集体企业=2,民营企业=3,具有外国企业、外资、外国政府背景的企业(含:港澳台)=4,非企业单位=5,机关事业单位、政府、非企业单位、事业单位、院校、社会团体等组织=6,自然人=7,企业经营单位=8,未标示=0。

最终控制人类型:指上市公司第一大股东的最后控股股东类别。在综合现有数据,结合学术界等方面对直接控股股东分类的基础上,对最终控制人性质分为以下类型并赋值:国有控股=0,民营控股=1,外资控股=2,集体控股=3,社会团体控股=4,职工持股会控股=5,不能识别=6。这里的最终控制人不等同于控股股东,但是和实际控制人的概念有所交叉。国内也有学者认为实际控制人等同于最终控制人。根据我国证券市场的特点,实际控制人是上市公司在公司年度报告中披露的数据,而最终控制人则是根据上市公司年度报告进行追溯得到的数据,二者的数据来源并不相同,因此我们仍然将最终控制人和实际控制人作为两个变量分别分析。

两权分离度:控制权与所有权之间的差值。该数据由国泰安计算所得。所有权又称现金流量权,控制权又称为表决权。本数据库控制权计算采用 La Porta, Lopez-de-Salines, Shleifer(1999) 和 Djankov,J. Fan,L. Lang(2000)的计算方法,即为实际控制人与上市公司股权关系链或若干股权关系链中最弱的一层或最弱的一层的总和。所有权是指实际控制人通过一致行动、多重塔式持股、交叉持股等方式拥有的上市公司的所有权。本数据库所有权计算采用 La Porta，Lopez-de-Salines，A. Shleifer（1999）和 Djankov,J. Fan,L. Lang(2000)的计算方法，即将实际控制人与上市公司股权关系链每层持有比例相乘或实际控制人与上市公司每条股权关系链每层持有比例相乘之总和。

以上变量汇总见表 5-2。

表 5-2　　　　公司治理结构变量列表

变量名	变量代码	数据来源
四大专业委员会是否设立	Professional_committee	资本市场数据
四个专业委员会设立个数	Number_of_committee	资本市场数据
董事会规模	Number_director	资本市场数据
监事会人数	Number_supervisor	资本市场数据
高管总人数	Number_senior_manager	资本市场数据
董事长与总经理的两职设置状况	Mode_chairman_ceo	资本市场数据
独立董事比例	Prop_independent_director	资本市场数据
持股董事比例	Prop_director_holding	资本市场数据
董事会持股比例	Prop_board	资本市场数据
高级经理人员持股比例	Prop_senior_manager	资本市场数据
董事长持股比例	Prop_chairman_of_the_board	资本市场数据
总经理持股比例	Prop_ceo	资本市场数据
直接控股股东持股比例	Prop_direcontrol	资本市场数据
领取报酬的董事比例	Prop_salary _director	根据资本市场数据计算
领取报酬的高管比例	Prop_salary _manager	根据资本市场数据计算
高级管理人员薪酬比例	Prop_salary_of_senior_manager	根据资本市场数据计算
前十大股东是否存在关联	Relation_between_ ten_shareholder	资本市场数据
直接控股股东股份性质	Char_direcontrol	资本市场数据

续表 5-2

变量名	变量代码	数据来源
实际控制人性质	Nat_actucontrol	资本市场数据
最终控制人类型	Type_ulticontrol	资本市场数据
两权分离度	Seperation	根据资本市场数据计算

5.2.3 控股股东与最终控制人行为变量

根据前面的理论分析和待证假设,本研究拟采用以下控股股东与最终控制人行为变量:

关联交易金额占收入比例:指本年度关联交易涉及的金额(期末发生额)所占本期营业收入的比例。这里的关联方交易包括了上市公司关联方之间发生的能够引起公司间资源、利益转移的任何事项,主要有:购销商品或其他资产(如固定资产、无形资产)、提供或接受劳务、代理、租赁、融资、担保和抵押、管理契约、研究开发项目的转移许可协议等。关联方是指在企业的财务和经营决策中,如果一方有能力直接或间接控制、共同控制另一方或对另一方施加重大影响,则将其视为关联方;如果两方或多方同受一方控制,我们也将其视为关联方。具体包括:直接或间接地控制其他企业或受其他企业控制,以及同受某一企业控制的两个或多个企业;合营企业;联营企业;主要投资者个人、关键管理人员或与其关系密切的家庭成员;受主要投资者、关键管理人员或与其关系密切的家庭成员直接控制的其他企业。关联交易事项:商品交易类、资产交易类、提供或接受劳务、代理或委托、资金交易、租赁、托管经营(管理方面)、赠予、非货币交易、股权交易、债权债务类交易、合作项目、许可协议、研究与开发成果、关键管理人员报酬、其他事项等。

关联交易次数:指本年度关联交易发生的次数。

是否分红：指本年度是否分配现金股利。本年度未分红取值0，本度分红取值为 1。

董事会会议次数：在本年度内共召开的董事会会议的总次数。

股东大会会议次数：在本年度内共召开的股东大会会议的总次数。

监事会会议次数：在年度内监事会召开会议的总次数。

通讯方式召开董事会会议次数：在本年度内用通讯方式如电视、电话、传真方式、邮件等召开的董事会会议次数。

股东大会出席率：在年度内召开股东大会时，出席股东大会的股东或股东代表所持股份占总股本的比例。

董事长是否变更：年度内董事长是否变动。若未变更＝0；变更＝1。

总经理是否变更：年度内总经理是否变动。总经理变动、副总经理未变动＝1；总经理未变动、副总经理变动＝2；总经理、副总经理均发生变动＝3；总经理、副总经理均未变动＝4；11－情况不详。

总资产周转率：指营业收入与平均资产总额的比值，其计算公式为：

总资产周转率＝营业收入÷[(当年资产合计＋前一年资产合计)÷2]

本指标反映资产总额的周转速度。周转越快，反映销售能力越强。

以上变量汇总见表 5-3。

表 5-3　控股股东与最终控制人行为变量列表

变量名	变量代码	数据来源
关联交易金额占收入比例	Prop_relevant_transaction	根据资本市场数据计算
关联交易次数	Frequency_relevant_transaction	根据资本市场数据计算
是否分红	Dividend	资本市场数据
董事会会议次数	Number_board_meeting	资本市场数据

续表 5-3

变量名	变量代码	数据来源
股东大会会议次数	Number_stockholder_meeting	资本市场数据
监事会会议次数	Number_superior_meeting	资本市场数据
通讯方式召开董事会会议次数	Number_ meeting_communication	资本市场数据
股东大会出席率	Rate_of_shareholders_meeting	资本市场数据
董事长是否变更	Change_chairman_of_board	资本市场数据
总经理是否变更	Change_ceo	资本市场数据
总资产周转率	Turn_of_assets	根据年度财务报告计算

5.2.4 控制变量

已有的文献和研究表明,不同规模、不同行业的公司治理特征与效率不同。为此,我们引入公司规模作为控制变量,以剔除公司规模、行业对实证分析的影响。公司规模变量,分别取“总资产、营业收入、企业自由现金流量、企业价值”的自然对数。由于公司经营活动的盈亏情况也会对公司治理效率产生不同的影响,因此也将利润总额纳入控制变量。

行业:根据中国证监会《上市公司行业分类指引》(2011 年版)制定的行业分类方法,将所选择上市公司样本按照行业分为 12 个大类,并分别赋值:农、林、牧、渔业＝1,采掘业＝2,制造业＝3,电力、煤气与水的生产与供应＝4,建筑业＝5,交通运输、仓储业＝6,信息技术业＝7,批发和零售贸易＝8,房地产业＝9,社会服务业＝10,传播与文化产业＝11,综合类＝12。

营业收入:指公司当年取得的营业收入总额。

总资产:指企业拥有或控制的全部资产。

企业自由现金流量:自由现金流量是企业拥有的现金净流入

扣除企业投资所需要现金之后的“剩余资金”，这部分现金流量企业一般未指定用途，管理层可以自由支配而很少受到董事会或者股东的制约。它是西方学者提出的衡量“代理成本”的一个重要指标。自由现金流量最先被运用到企业的价值评估中，后来学者们开始关注其在公司治理中的作用，并提出了“自由现金流量理论”(Jensen，1986)。[288]该理论认为，自由现金流量的所有权属于股东，如果企业没有更好的投资项目(能够实现股东利益最大化)，那么这些“剩余资金”应该通过股利、回购公司股票等方式返还给股东，而不是留在企业，成为“留存收益”。自由现金流量留在企业，企业可能会把这些资金用于“次优投资项目”，甚至投资到对股东利益有害的项目，不利于股东利益最大化。管理层之所以乐于持有大量的自由现金流量，其原因在于：一是“剩余资金”的增加有利于他们经营管理的自主性，特别是在资本市场上的自主性；二是利用“剩余资金”投资于“次优项目”，扩大企业规模，有利于提高管理层的薪酬，增加他们手中的权力和利益。因此，很少有企业把“自由现金流量”返还给股东，管理层出于自身利益最大化，会采取背离股东利益的行为，损害股东利益，这种利益损失就构成了代理成本。由此可见，企业自由现金流量与公司治理效率密切相关，自由现金流量是衡量公司治理效率高低的一个重要指标。本研究中的企业自由现金流量依据以下公式计算而得：

企业自由现金流量＝净利润＋利息费用＋非现金支出－营运资本追加－资本性支出
＝息前税后利润＋折旧与摊销－营运资本增加－资本支出
＝息税前利润×(1－所得税率)＋折旧与摊销－营运资本增加－购建固定、无形资产支付的现金－购买其他长期资产支付的现金为了进一步衡量自由现金流量对公司治理效率的影响，我们还采用了"自由现金流量占资产比例"这一相对指标，作为衡量自由现金流量对公司治理效率影响的控制变量。

企业价值：企业价值有不同的计算方法。为了验证企业价值与公司治理效率之间的关系，我们对企业价值采用了不同的计算口径：一是依据"股权价值＋带息债务"计算而得的企业价值。

股权价值＝A股收盘价×A股合计＋
　　　　B股收盘价×人民币外汇牌价×B股合计＋
　　　　(总股数－A股－B股)×每股净资产

带息债务＝负债合计－无息流动负债－无息非流动负债

二是以市场价值作为企业价值。

市场价值＝股权市值＋净债务市值

其中：非流通股权市值用流通股股价代替计算。

以上变量汇总见表5-4。

表5-4　控制变量列表

变量名	变量代码	数据来源
行业	Industry	资本市场数据
自由现金流量占资产比例	Free_cash_divided_by_assets	自由现金流量÷资产
LN(营业收入)	Lnr	营业收入总额的自然对数
LN(总资产)	Lna	总资产的自然对数
LN(企业自由现金流量)	Lnfc	企业自由现金流量的自然对数
LN(企业价值)	Lnv1	企业价值的自然对数
LN(市场价值)	Lnv2	市场价值的自然对数
利润总额	Profit	公司年度财务报告数据

5.3　数据特征

5.3.1　公司治理效率指标的数据特征

公司治理效率的指标分别为:期间费用率、托宾 Q、净资产收益率、总资产报酬率和违规次数,这些指标的数据特征见表 5-5。

表 5-5　　公司治理效率变量描述统计表

变量名	最小值	最大值	平均值	标准差
期间费用率	－189.43	285673.18	26.9608	2673.3754
托宾 Q	0.54	50939.54	11.4426	610.8321
净资产收益率	－176.38	713.20	0.0759	7.5280
总资产报酬率	－2095.05	25222.73	2.3928	236.4531
违规次数	0	8	3.22	0.016

在样本数据中,违规次数为 4 次的样本占总样本的 67%,完全没有违规的样本占总样本的 15%,违规次数在 5 次以上的样本占总样本的 3%,违规次数在 1～3 次的样本占总样本的 15%。

5.3.2　公司治理结构的数据特征

公司治理结构变量的数据特征见表 5-6。

表 5-6　　公司治理结构变量数据特征表

变量名称	最小值	最大值	均值	标准差
四大专业委员会是否设立	0	1	0.65	0.478
四个专业委员会设立个数	0	4	3.24	1.390
董事会规模	3	19	9.39	2.033

续表 5-6

变量名称	最小值	最大值	均值	标准差
监事会人数	0	13	4.08	1.363
高管总人数	7	56	18.33	4.389
董事长与总经理的两职设置状况	1	2	1.88	0.331
独立董事比例	0	0.7143	0.354566	0.054176
持股董事比例	0	1	0.133970	0.181166
董事会持股比例	0	0.7481	0.006138	0.0463383
高级经理人员持股比例	0	0.6429	0.036855	0.829469
董事长持股比例	0	0.6609	0.045667	0.961978
总经理持股比例	0	0.2915	0.029010	0.747691
直接控股股东持股比例	0.16	100	37.746810	16.283428
领取报酬的董事比例	0	1	0.677604	0.227728
领取报酬的高管比例	0.12	1	0.758496	0.1769679
高级管理人员薪酬比例	0.00000088	14.2477	0.189251	13.480886
前十大股东是否存在关联	1	3	2.46	0.646996
直接控股股东股份性质	0	10	2.543826	2.107717
实际控制人性质	0	8	3.076937	2.739775
最终控制人类型	0	6	0.434834	0.8462539
两权分离度	0	58.249	5.978791	8.405723

在样本中，“四个专业委员会设立个数”为“0”(即:董事会内部没有设立“审计、薪酬与考核、提名、战略”专业委员会)的样本占总样本数的12.93%，设立了其中一个委员会的样本占总样本数的1.85%，设立了其中两个委员会的样本占总样本数的4.31%，设立了其中三个委员会的样本占总样本数的10.20%，四个委员会均设立的样本占总样本数的70.71%。可见大多数上市公司能够

按照有关规范的要求设立相应的专业委员会。未设立四个专业委员会(如果四个委员会设置全,则为 1,否则为 0)的样本占总样本数的 35.34%,设立四个专业委员会的样本占总样本数的 64.66%。

董事会人数在 7～15 人之间的样本占总样本数的 94.08%,董事会人数超过 15 人(不含 15 人)的样本占总样本数的 0.52%,董事会人数低于 7 人的样本占总样本数的 5.34%。董事会人数最少的为 3 人,样本数占总样本数的 0.035%;董事会人数最多的为 19 人,样本数占总样本数的 0.026%。

监事会人数在 3～7 人之间的样本占总样本数的 97.13%,监事会人数低于 3 人的样本占总样本数的 1.28%,监事会人数超过 7 人的样本占总样本数的 1.59%。监事会人数最多的是 13 人,超过一般以上的样本公司监事会人数为 3 人。从数字上来看,监事会人数要低于董事会人数。

95%以上的公司高管总人数在 11～27 人之间,高管人数最少的仅为 7 人,人数最多的达到 56 人,有 3 个样本高管人数达到 50 人以上(分别为 54、56 人)。具体分布见表 5-7。

表 5-7　　高管人数数据特征表

高管总人数	样本数	百分比/%	高管总人数	样本数	百分比/%	高管总人数	样本数	百分比/%
7	1	0.0087	20	852	7.4261	33	29	0.2528
8	6	0.0523	21	662	5.7701	34	19	0.1656
9	19	0.1656	22	534	4.6544	35	11	0.0959
10	93	0.8106	23	348	3.0332	36	8	0.0697
11	155	1.3510	24	352	3.0681	37	8	0.0697
12	336	2.9286	25	251	2.1877	38	8	0.0697
13	515	4.4888	26	181	1.5776	39	2	0.0174

续表 5-7

高管总人数	样本数	百分比/%	高管总人数	样本数	百分比/%	高管总人数	样本数	百分比/%
14	808	7.0426	27	136	1.1854	40	1	0.0087
15	1083	9.4396	28	87	0.7583	42	1	0.0087
16	1179	10.2763	29	71	0.6188	46	1	0.0087
17	1231	10.7295	30	77	0.6711	54	1	0.0087
18	1251	10.9039	31	59	0.5143	56	2	0.0174
19	1051	9.1606	32	39	0.3399	合计	11475	100.00

在样本中，董事长与总经理由同一人担任的有 1418 个样本，占样本总数 12.36%；董事长与总经理完全分开的有 9929 个样本，占样本总数 86.53%；有 128 个样本公司数据缺失。

表 5-8　　董事长与总经理的两职设置状况数据特征表

两职设置状况	样本数	百分比/%
董事长与总经理由同一人担任	1418	12.36
董事长与总经理完全分开	9929	86.53
情况不详(未发布公开数据)	128	1.11
合计	11475	100.00

在样本中，独立董事在董事会中所占比例正好为三分之一的样本公司数为 6089 个样本，占样本总数的 53.06%；独立董事在董事会中所占比例达到或者超过三分之一的样本占样本总数的 92.33%以上。这与证监会 2001 年 8 月 16 日发布的《关于在上市公司建立独立董事制度的指导意见》(证监发 2001〔102〕号)的规定有关。该规定要求，在 2003 年 6 月 30 日前，上市公司董事会成员中应当至少包括三分之一独立董事。但是，仍然有公司未能达

到这一要求，独立董事在董事会中所占比例低于三分之一的样本占样本总数的 7.67%，甚至有些公司竟然没有独立董事（占样本总数的 0.071%）。

在样本中，有 5842 个样本董事会成员没有持有本公司股票，占样本总数的 50.91%，所有董事均持有公司股票的有 1 个样本，各样本的持股董事比例分布比较分散。董事会持股比例在 10% 以上的样本占样本总数的 1.62%，董事会持股比例在 5%到 10% 之间的样本占样本总数的 0.50%，董事会持股比例在低于 5%的样本占样本总数的 97.88%，董事会持股比例最高为 74.81%。

在样本中，99%以上的样本中高级经理人员（不含非执行董事与监事）的持股比例低于 1%，高级经理人员持股比例最高为 64%；99%以上的样本中董事长持股比例低于 1%，73.19%的样本中董事长未持有本公司股票，有 17 个样本中董事长持股比例高于 10%，董事长持股比例最高 66%，有 8 个样本中董事长持股比例高于 20%；99%以上的样本中总经理持股比例低于 1%，总经理持股比例最高为 29.15%；拥有控制权的直接控股股东持股比例低于 20%的样本占样本总数的 12.87%，直接控股股东持股比例介于 20%～50%之间的样本占样本总数的 61.34%，直接控股股东持股比例超过 50%的样本占样本总数的 25.79%。

在样本中，在上市公司领取报酬的董事占董事总人数的比例达到或超过 50%的样本占样本总数的 79.78%，在上市公司领取报酬的董事占董事总人数的比例低于 50%的样本占样本总数的 20.22%，全部董事都在上市公司领取报酬的样本占样本总数的 18.28%。在上市公司领取报酬的高管占高管总人数的比例达到或超过 60%的样本占样本总数的 84.26%，领取报酬的高管占高管总人数的比例介于 30%～60%之间的样本占样本总数的 15.54%，领取报酬的高管占高管总人数的比例低于 30%的样本占样本总数的 0.20%，全部高管都在上市公司领取报酬的样本占样本总数的 16.58%。高级管理人员(含董事、监事和高级经理)薪酬比例低于 1%的样本占样本总数的 89.79%,等于或大于 1%而低于 5%的样本占样本总数的 7.72%,超过 5%的样本占样本总数的 2.49%。

在样本中,公司持股比例排在前十位的股东之间存在关联关系的样本数为 4121 家,占样本总数的 35.91%;不存在关联关系的样本数为 954 家,占样本总数的 8.32%;另外由于公司信息披露不完整,关联关系不能确定的样本为 6153 家,占样本总数的 53.62%;数据缺失的样本为 247 家,占样本总数的 2.15%。

在样本中,直接控股股东股份性质为国家股、国有股、国有法人股的样本占样本总数 51%以上,可见在我国上市公司中,具有政府、国家控股背景的公司比例很高。境内法人股、流通 A 股的比例则分别超过于 20%。境内自然人股份的样本比例高于境外自然人股份。

前十大股东关联关系数据特征、直接控股股东股份性质数据特征具体见表 5-9 和表 5-10。

表 5-9　　前十大股东关联关系数据特征表

前十大股东是否存在关联	不存在关联	存在关联	不能确定	数据缺失	合计
样本数	954	4121	6153	247	11475
百分比/%	8.32	35.91	53.62	2.15	100

表 5-10　　直接控股股东股份性质数据特征表

直接控股股东股份性质	样本数	百分比/%
国家股、国有股、国有法人股	5871	51.1634
境内法人股	2428	21.1590
境内自然人持有股份	109	0.9499
境外法人股	135	1.1765

续表 5-10

直接控股股东股份性质	样本数	百分比/%
境外自然人持有股份	6	0.0523
流通 A 股	2846	24.8017
流通 B、H 股	13	0.1133
社会法人股	10	0.0871
未流通股份	12	0.1046
优先股	13	0.1132
数据缺失	32	0.2789
合计	11475	100

在样本中，实际控制人具有国家政府背景的样本占样本总数的 61.69%，实际控制人是自然人的样本占样本总数的 26.19%，民营企业、事业单位的样本占样本总数的比例也高于其他类型的实际控制人。实际控制人性质数据特征具体见表 5-11。

表 5-11　　实际控制人性质数据特征表

实际控制人性质	样本数	百分比/%
具有国家、政府等背景的企业	7079	61.6906
集体企业	72	0.6275
民营企业	224	1.9521
具有外国企业、外资、外国政府背景的企业(含:港澳台)	66	0.5752
非企业单位	8	0.0697
机关事业单位、政府、非企业单位、事业单位、院校、社会团体等组织	952	8.2963
自然人	3005	26.1874
企业经营单位	31	0.2702
未标识实际控制人性质	1	0.0087

续表 5-11

实际控制人性质	样本数	百分比/%
数据缺失	37	0.3224
合计	11475	100

在样本中，最终控制人为国有控股的样本占样本总数的34.81%，民营控股的样本占样本总数的15.11%，其他类型的最终控制人所占比例均低于1%。数据缺失是由于该公司不存在最终控制人，或者信息缺失难以追溯最终控制人。最终控制人性质数据特征具体见表5-12。

表 5-12　　最终控制人类型数据特征表

最终控制人类型	样本数	百分比/%
国有控股	3994	34.8061
民营控股	1734	15.1111
外资控股	45	0.3922
集体控股	72	0.6275
社会团体控股	29	0.2527
职工持股会控股	47	0.4096
不能识别	33	0.2876
数据缺失	5521	48.1133
合计	11475	100

在样本中，不存在实际控制人控制权与现金流量权的分离（即两权分离度为0）的样本数为5675，占样本总数49.46%；两权分离度低于10%的样本数占总样本的66.84%；两权分离度高于10%而低于30%的样本数占总样本的25.55%；两权分离度高于30%的样本数占总样本的0.84%；数据缺失样本占样本总数的比

例为 6.77%。两权分离度最高达 58.25%。

5.3.3　控股股东与最终控制人行为的数据特征

控股股东与最终控制人行为变量的数据特征见表 5-13。

表 5-13　控股股东与最终控制人行为变量数据特征表

变量名称	最小值	最大值	平均值	标准差
关联交易金额占收入比例/%	0	509870.07	121.84	5948.47
关联交易次数	0	342	17.30	21.58
是否分红	0	1.00	0.54	0.50
董事会会议次数	1	56	8.60	3.67
股东大会会议次数	0	14	2.53	1.36
监事会会议次数	0	25	4.23	1.80
股东大会会议出席率/%	0.4232	100	49.69	16.61
通讯方式召开董事会会议次数	0	52	2.68	3.73
董事长是否变更	0	1	0.20	0.40
总经理是否变更	1	11	4.02	3.26
总资产周转率/%	0.000001	36.02	0.70	0.70

在样本中，关联交易金额占营业收入比例的差异较大，最大为营业收入的 509870.07%，平均值也达到 121.84%。关联交易次数最大值为 342 次，平均值为 17.3 次，这两个指标均表明我国上市公司存在着较为严重的关联方交易。关联交易金额占营业收入比例低于 20%的样本占样本总数的 48.74%，高于 20%而低于 50%的样本占样本总数的 14.62%，高于 50%而低于 100%的样本占样本总数的 9.9%，高于 100%的样本占样本总数的26.24%，数据缺失的样本占样本总数的 0.5%。关联交易次数在 0～9 次的样本占样本总数的 47.05%，关联交易次数 10～19 次的样本占

样本总数的22.74%,关联交易次数20～49次的样本占样本总数的23.27%,关联交易次数50次及50次以上的样本占样本总数的6.95%。

在样本中,有6202个样本进行过现金分红,占样本总数的54%;有5273个样本未进行现金分红,占样本总数的46%。

在样本中,年度内召开的董事会会议次数最多达到56次,最少的仅为1次。年度内召开的股东大会会议次数最多达到14次,最少的为0次(仅有1个样本)。年度内召开的监事会会议次数最多达到25次,最少的仅为0次(仅有1个样本)。董事会会议、股东大会会议和监事会会议次数数据特征具体见表5-14。

表5-14　董事会会议、股东大会会议和监事会会议次数数据特征表

董事会会议次数	百分比/%	股东大会会议次数	百分比/%	监事会会议次数	百分比/%
1～2	0.11	0～2	56.56	0～2	16.32
3～9	69.16	3～6	42.07	3～6	74.91
≥10	30.73	7～14	1.37	7～25	8.77
合计	100	合计	100	合计	100

在样本中,以通讯方式召开董事会会议次数最多为52次(有1个样本),没有采用通讯方式召开董事会会议的样本占样本总数的45.85%,采用通讯方式召开董事会会议次数在1～3次的样本占样本总数的22.37%,次数在4～10次的样本占样本总数的28.08%,次数在11～20次的样本占样本总数的3.33%,次数在20次以上的样本占样本总数的0.37%。

在样本中,股东大会出席率最高为100%(7个样本),低于10%的样本占样本总数的1.24%。,股东大会出席率的数据特征具体见表5-15。

表 5-15　　股东大会出席率数据特征表

出席率区间	百分比/%	出席率区间	百分比/%
<10%	1.1451	[50%,60%)	22.4501
[10%,20%)	2.3080	[60%,70%)	19.2810
[20%,30%)	9.5606	[70%,80%)	7.9450
[30%,40%)	15.3395	[80%,90%)	1.7310
[40%,50%)	19.7071	[90%,100%]	0.5326

在样本中，有 80.11%的样本在年度内没有变更董事长，有 19.89%的样本在年度内变更过董事长。有 17.42%的样本总经理变动，而副总经理未变动；有 18.21%的样本总经理未变动、副总经理变动；有 9.9%的样本总经理、副总经理均发生变动；有 38.90%的样本总经理、副总经理均未变动；另有 15.59%的样本总经理与副总经理变动情况不详。

在样本中，总资产周转率最高为 36 次（仅有 1 个样本），超过 10 次的样本有 3 个。总资产周转率低于 0.1 的样本占样本总数的 3.75%，大于等于 0.1 而小于 0.5 的样本占样本总数的 40%，大于等于 0.5 而小于 1 的样本占样本总数的 37.45%，大于 1 的样本占样本总数的 18.8%。整体而言，上市公司的资产周转率并不高，大多数公司的周转率小于 1。

5.3.4　控制变量数据特征

控制变量数据特征见表 5-16。

表 5-16　　控制变量数据特征表

变量名称	样本数	最小值	最大值	均值	标准差
营业收入 *	11424	1242.31	2505683000000	6044465662.52	50845052133.92
总资产 *	11472	51133.68	1917528000000	7494374632.55	42478307326.65

续表 5-16

变量名称	样本数	最小值	最大值	均值	标准差
企业自由现金流量*	8390	30.95	315679489808.77	932133081.53	7453910409.13
自由现金流量/总资产	11472	−4400.7773	149.5886	−0.5663	46.3202
股权价值*	11320	10296720.00	5082522910245.29	8424045225.61	68786710299.40
市场价值*	11441	142545473.26	5227914529250.00	11710655300.20	76619846857.64
LN(营业收入)	11424	7.12	28.55	20.87	1.67
LN(总资产)	11472	10.84	28.28	21.53	1.32
LN(自由现金流量)	8390	3.43	26.48	18.91	1.72
LN(企业价值)	11320	16.15	29.26	21.65	1.28
LN(市场价值)	11441	18.78	29.29	22.14	1.15
利润总额*	11475	−13985108000	192825000000	451759911.35	4447583701.28

注:营业收入、总资产、企业自由现金流量、股权价值、市场价值、利润总额的最大值、最小值、平均值的计量单位为“万元”。

从行业分布来看,制造业的公司样本最多,占样本总数的53.37%;传播与文化产业的公司最少,占样本总数的1.32%。样本的行业分布数据特征见表5-17。

表 5-17　　样本行业分布统计表

行业	样本数	百分比/%
农、林、牧、渔业	221	1.9259
采掘业	360	3.1373
制造业	6124	53.3682
电力、煤气与水的生产与供应	568	4.9499
建筑业	208	1.8126
交通运输、仓储业	523	4.5577
信息技术业	577	5.0283

续表 5-17

行业	样本数	百分比/%
批发和零售贸易	864	7.5294
房地产业	1084	9.4466
社会服务业	339	2.9542
传播与文化产业	151	1.3159
综合类	452	3.9390
数据缺失	4	0.0349
合计	11475	100.00

5.4　假设检验与结果

5.4.1　面板数据——消除多重共线性带来的影响

为了保证实证检验结果的可靠性，我们采用面板数据回归分析对假设进行实证检验。面板数据模型具有许多优点（Baltagi，2008）：① Panel Data 模型通过对不同横截面单元不同时间观察值的结合，观测值增多，可以提供给研究者大量的数据，包含更多的变量，这样就增加了自由度，减少了解释变量之间的多重共线性，从而改进了估计结果的有效性。② 面板数据建模对同一截面单元集的重复观察，能更好地研究经济行为变化的动态性，比单截面数据建模可以获得更多的动态信息，可以从多种层面分析经济问题。③ 面板数据可以对个体不同进行控制。面板数据允许个人、公司或者国家是不同的，控制了个体的异质性。而时间序列数据和横截面数据研究对这些个体不加以控制，因此冒着获得有偏估计的危险。[289]面板数据通常以微观单元来收集，如个人、公司和家庭。在微观的水平上许多变量能被更为精确地测量，因此有测量误差所引起的“偏”能够得到减轻。

面板数据回归分析模型一般有三种形式。一是固定效应模型(Fixed Effects Regression Model),其典型特征是对于不同时间序列,固态效应模型的解释变量系数保持不变,只是模型的截距项随个体或者时间变化。如果解释变量对被解释变量的效应不随个体和时间变化,并且被解释变量的信息不够完整,即解释变量中不包含一些影响被解释变量的不可观测的确定性因素时,可以采用反映个体特征或者时间特征的虚拟变量(即只随个体变化或时间变化)或者分解模型的截距项来描述这些缺失的确定性信息,模型应该设定为固态效应模型。但是,固态效应模型存在着一些不足:模型中包含了许多模拟变量会减少模型的自由度,实际运用中固态效应模型的随机项误差难以满足模型假设而导致参数的非有效估计,模型中考虑了不完全确定性信息对被解释变量的影响,但是没有考虑那些不可观测的随机信息对被解释变量的影响效应。二是随机效应模型(Random Effects Regression Model),该模型是为了弥补固态效应模型的不足,将混合模型的随机误差项分解为截面随机误差分量、时间随机误差分量和个体时间误差随机分量三部分,进行模型参数的估计。三是混合估计模型(Pooled Regression Model),直接把面板数据混合在一起用普通最小二乘法(OLS)估计参数,与一般线性回归结果没有区别。[290]

随机效应模型和固态效应模型各有优缺点。在面板数据回归分析中,一般采用豪斯曼(Hausman)检验来确定应该采用固态效应模型还是随机效应模型。豪斯曼(Hausman)检验的零假设是:固定效应模型和随机效应模型估计出来的系数值(coefficients estimator)是一致的(consistent)。如果零假设成立,那么随机效应估计和固定效应估计都是无偏的,随机效应模型是一致有效的,而固定效应估计是无效的;在备择假设成立下,随机效应估计是有偏非一致的,而固定效应模型仍然是无偏的。[291]

在实证分析中，我们对模型进行了 Hausman 检验，以确定模型回归采用固态效应模型还是随机效应模型。Hausman 检验结果见表 5-18。

表 5-18　　Hausman 检验结果汇总表

模型	χ^2	P
模型一	70.47	0.0000
模型二	165.37	0.0000
模型三	32.37	0.1476
模型四	103.62	0.0000
模型五	11.67	0.8195
模型六	48.81	0.0001
模型七	139.53	0.0000
模型八	11.98	0.8012
模型九	139.86	0.0000
模型十	44.85	0.0003

根据 Hausman 检验结果，模型一、模型二、模型四、模型六、模型七、模型九和模型十应该采用面板数据固态效应模型估计参数，模型三、模型五、模型八应该采用面板数据随机效应模型估计参数。

5.4.2　异方差的消除

如果样本变量存在异方差性，则会引起：参数估计量非有效、变量的显著性检验失去意义、模型的预测失效等后果。Stata 软件提供了一种简单有效的消除异方差的回归分析方法。在这种方法下，无论是否存在异方差，都采用 OLS 进行，但是使用“稳健标准差”。这样，即使在存在异方差的情况下，所有参数估计、假设检验均可照常进行。

我们采用了 Stata 软件提供的“OLS＋稳健标准差”的方法消

除异方差。

5.4.3 公司治理结构与公司治理效率关系检验

为了检验提出的假设 H1,我们建立以下公司治理环境、结构变量与公司治理效率变量关系的线性回归模型:

模型一:以期间费用率 OGR 作为公司治理效率衡量变量。

$$
\begin{aligned}
OGR = {} & \alpha_0 + \alpha_1 Professional\_committee + \alpha_2 Number\_of\_committee + \\
& \alpha_3 Number\_director + \alpha_4 Number\_supervisor + \alpha_5 Number\_senior\_manager + \\
& \alpha_6 Mode\_chairman\_ceo + \alpha_7 Prop\_independent\_director + \\
& \alpha_8 Prop\_\_director\_holding + \alpha_9 Prop\_board + \alpha_{10} Prop\_senior\_manager + \\
& \alpha_{11} Prop\_chairman\_of\_the\_board + \alpha_{12} Prop\_ceo + \alpha_{13} Prop\_direcontrol + \\
& \alpha_{14} Prop\_salary\_director + \alpha_{15} prop\_salary\_manager + \\
& \alpha_{16} Prop\_salary\_of\_senior\_manager + \alpha_{17} Relation\_between\_ten\_shareholder + \\
& \alpha_{18} Char\_direcontrol + \alpha_{19} Nat\_actucontrol + \\
& \alpha_{20} Type\_ulticontrol + \alpha_{21} Seperation + \alpha_{22} Industry + \\
& \alpha_{23} Free\_cash\_divided\_by\_assets + \alpha_{24} Lnr + \alpha_{25} Lna + \\
& \alpha_{26} Lnfc + \alpha_{27} Lnv1 + \alpha_{28} Lnv2 + \alpha_{29} Profit
\end{aligned}
$$

模型二:以托宾 Q(Tq)作为公司治理效率衡量变量。

$$
\begin{aligned}
Tq = {} & \alpha_0 + \alpha_1 Professional\_committee + \alpha_2 Number\_of\_committee + \\
& \alpha_3 Number\_director + \alpha_4 Number\_supervisor + \alpha_5 Number\_senior\_manager + \\
& \alpha_6 Mode\_chairman\_ceo + \alpha_7 Prop\_independent\_director + \\
& \alpha_8 Prop\_\_director\_holding + \alpha_9 Prop\_board + \alpha_{10} Prop\_senior\_manager + \\
& \alpha_{11} Prop\_chairman\_of\_the\_board + \alpha_{12} Prop\_ceo + \alpha_{13} Prop\_direcontrol + \\
& \alpha_{14} Prop\_salary\_director + \alpha_{15} prop\_salary\_manager + \\
& \alpha_{16} Prop\_salary\_of\_senior\_manager + \alpha_{17} Relation\_between\_ten\_shareholder + \\
& \alpha_{18} Char\_direcontrol + \alpha_{19} Nat\_actucontrol + \\
& \alpha_{20} Type\_ulticontrol + \alpha_{21} Seperation + \alpha_{22} Industry + \\
& \alpha_{23} Free\_cash\_divided\_by\_assets + \alpha_{24} Lnr + \alpha_{25} Lna + \\
& \alpha_{26} Lnfc + \alpha_{27} Lnv1 + \alpha_{28} Lnv2 + \alpha_{29} Profit
\end{aligned}
$$

模型三：以净资产收益率 Roe 作为公司治理效率衡量变量。

$$\begin{aligned}Roe = {} & \alpha_0 + \alpha_1 Professional\_committee + \alpha_2 Number\_of\_committee + \\ & \alpha_3 Number\_director + \alpha_4 Number\_supervisor + \alpha_5 Number\_senior\_manager + \\ & \alpha_6 Mode\_chairman\_ceo + \alpha_7 Prop\_independent\_director + \\ & \alpha_8 Prop\_\_director\_holding + \alpha_9 Prop\_board + \alpha_{10} Prop\_senior\_manager + \\ & \alpha_{11} Prop\_chairman\_of\_the\_board + \alpha_{12} Prop\_ceo + \alpha_{13} Prop\_direcontrol + \\ & \alpha_{14} Prop\_salary\_director + \alpha_{15} prop\_salary\_manager + \\ & \alpha_{16} Prop\_salary\_of\_senior\_manager + \alpha_{17} Relation\_between\_ten\_shareholder + \\ & \alpha_{18} Char\_direcontrol + \alpha_{19} Nat\_actucontrol + \\ & \alpha_{20} Type\_ulticontrol + \alpha_{21} Seperation + \alpha_{22} Industry + \\ & \alpha_{23} Free\_cash\_divided\_by\_assets + \alpha_{24} Lnr + \alpha_{25} Lna + \\ & \alpha_{26} Lnfc + \alpha_{27} Lnv1 + \alpha_{28} Lnv2 + \alpha_{29} Profit\end{aligned}$$

模型四：以总资产报酬率 Roa 作为公司治理效率衡量变量。

$$\begin{aligned}Roa = {} & \alpha_0 + \alpha_1 Professional\_committee + \alpha_2 Number\_of\_committee + \\ & \alpha_3 Number\_director + \alpha_4 Number\_supervisor + \alpha_5 Number\_senior\_manager + \\ & \alpha_6 Mode\_chairman\_ceo + \alpha_7 Prop\_independent\_director + \\ & \alpha_8 Prop\_\_director\_holding + \alpha_9 Prop\_board + \alpha_{10} Prop\_senior\_manager + \\ & \alpha_{11} Prop\_chairman\_of\_the\_board + \alpha_{12} Prop\_ceo + \alpha_{13} Prop\_direcontrol + \\ & \alpha_{14} Prop\_salary\_director + \alpha_{15} prop\_salary\_manager + \\ & \alpha_{16} Prop\_salary\_of\_senior\_manager + \alpha_{17} Relation\_between\_ten\_shareholder + \\ & \alpha_{18} Char\_direcontrol + \alpha_{19} Nat\_actucontrol + \\ & \alpha_{20} Type\_ulticontrol + \alpha_{21} Seperation + \alpha_{22} Industry + \\ & \alpha_{23} Free\_cash\_divided\_by\_assets + \alpha_{24} Lnr + \alpha_{25} Lna + \\ & \alpha_{26} Lnfc + \alpha_{27} Lnv1 + \alpha_{28} Lnv2 + \alpha_{29} Profit\end{aligned}$$

模型五：以违规次数（Number_of_offence）作为公司治理效率衡量变量。

$$
\begin{aligned}
Number\_of\_offence = {} & \alpha_0 + \alpha_1 Professional\_committee + \\
& \alpha_2 Number\_of\_committee + \alpha_3 Number\_director + \\
& \alpha_4 Number\_supervisor + \alpha_5 Number\_senior\_manager + \\
& \alpha_6 Mode\_chairman\_ceo + \alpha_7 Prop\_independent\_director + \\
& \alpha_8 Prop\_\_director\_holding + \alpha_9 Prop\_board + \alpha_{10} Prop\_senior\_manager + \\
& \alpha_{11} Prop\_chairman\_of\_the\_board + \alpha_{12} Prop\_ceo + \alpha_{13} Prop\_direcontrol + \\
& \alpha_{14} Prop\_salary\_director + \alpha_{15} prop\_salary\_manager + \\
& \alpha_{16} Prop\_salary\_of\_senior\_manager + \alpha_{17} Relation\_between\_ten\_shareholder + \\
& \alpha_{18} Char\_direcontrol + \alpha_{19} Nat\_actucontrol + \\
& \alpha_{20} Type\_ulticontrol + \alpha_{21} Seperation + \alpha_{22} Industry + \\
& \alpha_{23} Free\_cash\_divided\_by\_assets + \alpha_{24} Lnr + \alpha_{25} Lna + \\
& \alpha_{26} Lnfc + \alpha_{27} Lnv1 + \alpha_{28} Lnv2 + \alpha_{29} Profit
\end{aligned}
$$

运用 Stata 软件，对以上公司治理环境、结构变量与公司治理效率关系模型分别运算，检验模型显著性和变量参数显著性。

表 5-19　公司治理环境、结构与公司治理效率关系模型显著性汇总表

模型	模型一	模型二	模型三	模型四	模型五
R^2	0.8424	0.7487	0.5812	0.6547	0.4723
调整 R^2	0.8406	0.7458	0.5801	0.6523	0.4711
F 检验值	470.6732	262.2126	189.5015	172.4125	152.7124
P 值	0.0000	0.0000	0.0002	0.0000	0.0000

由表 5-19 可以看出，根据 F 检验值和 P 值（均为 0，或接近于 0），可以看出模型一、模型二、模型三、模型四、模型五的回归方程中表示公司治理效率的被解释变量、表示公司治理环境与结构的解释变量之间的线性关系显著，模型成立。模型一、模型二、模型三、模型四的可决系数 R^2、调整后的可决系数 R^2 均较大于 0.5，说明模型对样本观测值的拟合程度较高；虽然模型五的可决系数

R^2、调整后的可决系数 R^2 小于 0.5，说明模型对样本观测值的拟合程度较低，但是仍然在可接受的范围。

公司治理环境、结构变量与公司治理效率关系模型的估计参数与显著性检验结果具体见表 5-20。模型一～模型五的假设检验结果汇总见表 5-21～表 5-25。

表 5-20　公司治理环境、结构与公司治理效率关系模型估计参数与显著性结果汇总表

变量＼参数	模型一	模型二	模型三	模型四	模型五
（常量）	−44.5689	−0.0231	−1.5987**	−0.3410***	0.3872*
四大专业委员会是否设立	−3.0725	0.0821	−0.0507	0.0002	−0.0078
四个专业委员会设立个数	0.4810	−0.0312	0.0387	0.0009	0.0014
董事会规模	−0.4178	0.0276**	0.0166	−0.0009	−0.0104***
监事会人数	−1.7872	0.0282*	−0.0230	0.0002	−0.0063
高管总人数	−0.1982	−0.0124*	0.0038	0.0005	0.0061**
董事长与总经理两职设置状况	0.4050	−0.0533	0.0172	−0.0032	−0.0015
独立董事比例	−4.5725	1.4378***	0.1835	0.0257	−0.0694
持股董事比例	7.7325	−0.0097	0.0806	0.0067	−0.0500*
董事会持股比例	16.4183	−0.2989	−0.0114	0.0165	0.4816
高级经理人员持股比例	116.0034	8.0195	2.7754	1.8007***	−17.3048
董事长持股比例	−17.3433	−0.1635	0.0905	−0.0500	0.7034
总经理持股比例	−24.1466	−1.6170	0.6541	0.0709	−3.1429***
直接控股股东持股比例	0.0895	−0.0018*	0.0032*	0.0002**	−0.0009**
领取报酬的董事比例	51.7543***	−0.0229	−0.0291	−0.0014	0.1348*
领取报酬的高管比例	−61.6214**	−0.0040	−0.1961	0.0117	−0.1689*
高级管理人员薪酬比例	60.5284***	0.0007	0.0022	0.0002	−0.0004

续表 5-20

参数 变量	模型一	模型二	模型三	模型四	模型五
前十大股东是否存在关联	1.9051	0.0249	−0.0482	−0.0051**	0.0106
直接控股股东股份性质	−0.4258	−0.0641***	−0.0078	−0.0022***	−0.0113**
实际控制人性质	0.0570	0.0358***	0.0138	0.0018**	0.0102***
最终控制人类型	0.1606	−0.0108	0.0108	0.0014	0.0144*
两权分离度	−0.0141	−0.0049*	0.0011	−0.0001	−0.0012*
行业	−0.1271	−0.0045	0.0110	−0.0005	0.0013
自由现金流量占资产比例	4.0895	2.1080***	−1.7802***	0.1246***	0.1176
LN(营业收入)	4.2073***	−0.0274**	0.0124	0.0010	−0.0010
LN(总资产)	1.5919	−2.9057***	−0.2084***	−0.0405***	−0.0314*
LN(企业自由现金流量)	−0.4546	−0.0790***	0.0911**	0.0019	−0.0085
LN(企业价值)	0.6750	0.0053	0.0189	0.0020*	−0.0050
LN(市场价值)	−3.0250	2.9906***	0.1658***	0.0518***	0.0314**
利润总额	4.17E−11	−3.59E−12	−1.71E−12	−1.99E−13	2.707E−13

注：*** 表示显著性在 0.01 的水平；** 表示显著性在 0.05 的水平；* 表示显著性在 0.1 水平。未标注为不显著。

表 5-21　　模型一的假设检验结果汇总表

假设序号	变量	预测参数符号	模型估计参数符号	显著性	假设成立与否
H1-1	四大专业委员会是否设立	−	−	不显著	不成立
	四个专业委员会设立个数	−	+	不显著	不成立
H1-2	董事会规模	+	−	不显著	不成立
H1-3	监事会人数	−	−	不显著	不成立
H1-4	高管总人数	+	−	不显著	不成立
H1-5	董事长与总经理的两职设置状况	+	+	不显著	不成立

续表 5-21

假设序号	变量	预测参数符号	模型估计参数符号	显著性	假设成立与否
H1-6	独立董事比例	−	−	不显著	不成立
H1-7	持股董事比例	−	+	不显著	不成立
	董事会持股比例	−	+	不显著	不成立
	高级经理人员持股比例	−	+	不显著	不成立
	董事长持股比例	−	−	不显著	不成立
	总经理持股比例	−	−	不显著	不成立
H1-8	直接控股股东持股比例	+	+	不显著	不成立
H1-9	领取报酬的董事比例	−	+	高	成立,反向
	领取报酬的高管比例	−	−	中	成立
	高级管理人员薪酬比例	−	+	高	成立,反向
H1-10	前十大股东是否存在关联	?	+	不显著	不成立
H1-11	直接控股股东股份性质	?	−	不显著	不成立
	实际控制人性质	?	+	不显著	不成立
	最终控制人类型	?	+	不显著	不成立
H1-12	两权分离度	+	−	不显著	不成立

注:表中的“显著性”分为“高”(给定显著性水平 0.01),“中”(给定显著性水平 0.05),“低”(给定显著性水平 0.1),不显著则是指参数的伴随概率 P 值大于 0.1。以下各个模型的假设检验结果汇总表中的含义与此相同。

表中“成立”一是指被解释变量与解释变量之间存在显著相关性,而且检验结果与原假设的正相关或者负相关相同;二是指假设未指出正相关或者负相关的,被解释变量与解释变量之间存在显著相关性。“成立,反向”是指被解释变量与解释变量之间存在显著相关性,但是检验结果与原假设的正相关或者负相关相反。“不成立”是指被解释变量与解释变量之间不存在显著相关性。以下各个模型的假设检验结果汇总表中的含义与此相同。

表 5-22　　模型二的假设检验结果汇总表

假设序号	变量	预测参数符号	模型估计参数符号	显著性	假设成立与否
H1-1	四大专业委员会是否设立	+	+	不显著	不成立
	四个专业委员会设立个数	+	−	不显著	不成立
H1-2	董事会规模	−	+	中	成立,反向
H1-3	监事会人数	+	+	低	成立
H1-4	高管总人数	−	−	低	成立
H1-5	董事长与总经理的两职设置状况	−	−	不显著	不成立
H1-6	独立董事比例	+	+	高	成立
H1-7	持股董事比例	+	−	不显著	不成立
	董事会持股比例	+	−	不显著	不成立
	高级经理人员持股比例	+	+	不显著	不成立
	董事长持股比例	+	−	不显著	不成立
	总经理持股比例	+	−	不显著	不成立
H1-8	直接控股股东持股比例	−	−	低	成立
H1-9	领取报酬的董事比例	+	−	不显著	不成立
	领取报酬的高管比例	+	−	不显著	不成立
	高级管理人员薪酬比例	+	+	不显著	不成立
H1-10	前十大股东是否存在关联	?	+	不显著	不成立
H1-11	直接控股股东股份性质	?	−	高	成立
	实际控制人性质	?	+	高	成立
	最终控制人类型	?	−	不显著	不成立
H1-12	两权分离度	−	−	低	成立

表 5-23　　　　模型三的假设检验结果汇总表

假设序号	变量	预测参数符号	模型估计参数符号	显著性	假设成立与否
H1-1	四大专业委员会是否设立	+	−	不显著	不成立
	四个专业委员会设立个数	+	+	不显著	不成立
H1-2	董事会规模	−	+	不显著	不成立
H1-3	监事会人数	+	−	不显著	不成立
H1-4	高管总人数	−	+	不显著	不成立
H1-5	董事长与总经理的两职设置状况	−	+	不显著	不成立
H1-6	独立董事比例	+	+	不显著	不成立
H1-7	持股董事比例	+	+	不显著	不成立
	董事会持股比例	+	−	不显著	不成立
	高级经理人员持股比例	+	+	不显著	不成立
	董事长持股比例	+	+	不显著	不成立
	总经理持股比例	+	+	不显著	不成立
H1-8	直接控股股东持股比例	−	+	低	成立,反向
H1-9	领取报酬的董事比例	+	−	不显著	不成立
	领取报酬的高管比例	+	−	不显著	不成立
	高级管理人员薪酬比例	+	+	不显著	不成立
H1-10	前十大股东是否存在关联	?	−	不显著	不成立
H1-11	直接控股股东股份性质	?	−	不显著	不成立
	实际控制人性质	?	+	不显著	不成立
	最终控制人类型	?	+	不显著	不成立
H1-12	两权分离度	−	+	不显著	不成立

表 5-24　　模型四的假设检验结果汇总表

假设序号	变量	预测参数符号	模型估计参数符号	显著性	假设成立与否
H1-1	四大专业委员会是否设立	+	+	不显著	不成立
	四个专业委员会设立个数	+	+	不显著	不成立
H1-2	董事会规模	−	−	不显著	不成立
H1-3	监事会人数	+	+	不显著	不成立
H1-4	高管总人数	−	+	不显著	不成立
H1-5	董事长与总经理的两职设置状况	−	−	不显著	不成立
H1-6	独立董事比例	+	+	不显著	不成立
H1-7	持股董事比例	+	+	不显著	不成立
	董事会持股比例	+	+	不显著	不成立
	高级经理人员持股比例	+	+	高	成立
	董事长持股比例	+	−	不显著	不成立
H1-7	总经理持股比例	+	+	不显著	不成立
H1-8	直接控股股东持股比例	−	+	中	成立,反向
H1-9	领取报酬的董事比例	+	−	不显著	不成立
	领取报酬的高管比例	+	+	不显著	不成立
	高级管理人员薪酬比例	+	+	不显著	不成立
H1-10	前十大股东是否存在关联	?	−	中	成立
H1-11	直接控股股东股份性质	?	−	高	成立
	实际控制人性质	?	+	中	成立
	最终控制人类型	?	+	不显著	不成立
H1-12	两权分离度	−	−	不显著	不成立

表 5-25　　模型五的假设检验结果汇总表

假设序号	变量	预测参数符号	模型估计参数符号	显著性	假设成立与否
H1-1	四大专业委员会是否设立	−	−	不显著	不成立
	四个专业委员会设立个数	−	+	不显著	不成立
H1-2	董事会规模	+	−	高	成立,反向
H1-3	监事会人数	−	−	不显著	不成立
H1-4	高管总人数	+	+	中	成立
H1-5	董事长与总经理的两职设置状况	+	−	不显著	不成立
H1-6	独立董事比例	−	−	不显著	不成立
H1-7	持股董事比例	−	−	低	成立
	董事会持股比例	−	+	不显著	不成立
	高级经理人员持股比例	−	−	不显著	不成立
	董事长持股比例	−	+	不显著	不成立
	总经理持股比例	−	−	高	成立
H1-8	直接控股股东持股比例	+	−	中	成立,反向
H1-9	领取报酬的董事比例	−	+	低	成立,反向
	领取报酬的高管比例	−	−	低	成立
H1-9	高级管理人员薪酬比例	−	−	不显著	不成立
H1-10	前十大股东是否存在关联	?	+	不显著	不成立
H1-11	直接控股股东股份性质	?	−	中	成立
	实际控制人性质	?	+	高	成立
	最终控制人类型	?	+	低	成立
H1-12	两权分离度	+	−	低	成立,反向

5.4.4 控股股东与最终控制人行为与公司治理效率关系检验

为了检验提出的假设 H2,我们建立以下公司治理行为变量与公司治理效率变量关系的线性回归模型:

模型六:以期间费用率 OGR 作为公司治理效率衡量变量。

$$OGT = \beta_0 + \beta_1 Prop\_relevant\_transaction + \beta_2 Frequency\_relevant\_transaction + \beta_3 Dividend + \beta_4 Number\_board\_meeting + \beta_5 Number\_stockholder\_meeting + \beta_6 Number\_supervisor\_meeting + \beta_7 Number\_meeting\_communication + \beta_8 Rate\_of\_shareholders\_meeting + \beta_9 Change\_chairman\_of\_board + \beta_{10} Change\_ceo + \beta_{11} Turn\_of\_assets + \beta_{12} Industry + \beta_{13} free\_cash\_divided\_by\_assets + \beta_{14} Lnr + \beta_{15} Lna + \beta_{16} Lnfc + \beta_{17} Lnv1 + \beta_{18} Lnv2 + \beta_{19} Profit$$

模型七:以托宾 Q(Tq)作为公司治理效率衡量变量。

$$Tq = \beta_0 + \beta_1 Prop\_relevant\_transaction + \beta_2 Frequency\_relevant\_transaction + \beta_3 Dividend + \beta_4 Number\_board\_meeting + \beta_5 Number\_stockholder\_meeting + \beta_6 Number\_supervisor\_meeting + \beta_7 Number\_meeting\_communication + \beta_8 Rate\_of\_shareholders\_meeting + \beta_9 Change\_chairman\_of\_board + \beta_{10} Change\_ceo + \beta_{11} Turn\_of\_assets + \beta_{12} Industry + \beta_{13} free\_cash\_divided\_by\_assets + \beta_{14} Lnr + \beta_{15} Lna + \beta_{16} Lnfc + \beta_{17} Lnv1 + \beta_{18} Lnv2 + \beta_{19} Profit$$

模型八:以净资产收益率 Roe 作为公司治理效率衡量变量。

$$Roe = \beta_0 + \beta_1 Prop\_relevant\_transaction + \beta_2 Frequency\_relevant\_transaction + \beta_3 Dividend + \beta_4 Number\_board\_meeting + \beta_5 Number\_stockholder\_meeting + \beta_6 Number\_supervisor\_meeting + \beta_7 Number\_meeting\_communication + \beta_8 Rate\_of\_shareholders\_meeting + \beta_9 Change\_chairman\_of\_board + \beta_{10} Change\_ceo + \beta_{11} Turn\_of\_assets + \beta_{12} Industry + \beta_{13} free\_cash\_divided\_by\_assets + \beta_{14} Lnr + \beta_{15} Lna + \beta_{16} Lnfc + \beta_{17} Lnv1 + \beta_{18} Lnv2 + \beta_{19} Profit$$

模型九：以总资产报酬率 Roa 作为公司治理效率衡量变量。

$$Roa = \beta_0 + \beta_1 Prop\_relevant\_transaction + \beta_2 Frequency\_relevant\_transaction + \beta_3 Dividend + \beta_4 Number\_board\_meeting + \beta_5 Number\_stockholder\_meeting + \beta_6 Number\_supervisor\_meeting + \beta_7 Number\_meeting\_communication + \beta_8 Rate\_of\_shareholders\_meeting + \beta_9 Change\_chairman\_of\_board + \beta_{10} Change\_ceo + \beta_{11} Turn\_of\_assets + \beta_{12} Industry + \beta_{13} free\_cash\_divided\_by\_assets + \beta_{14} Lnr + \beta_{15} Lna + \beta_{16} Lnfc + \beta_{17} Lnv1 + \beta_{18} Lnv2 + \beta_{19} Profit$$

模型十：以违规次数（Number_of_offence）作为公司治理效率衡量变量。

$$Number\_of\_offence = \beta_0 + \beta_1 Prop\_relevant\_transaction + \beta_2 Frequency\_relevant\_transaction \; \beta_3 Dividend + \beta_4 Number\_board\_meeting + \beta_5 Number\_stockholder\_meeting + \beta_6 Number\_supervisor\_meeting + \beta_7 Number\_meeting\_communication + \beta_8 Rate\_of\_shareholders\_meeting + \beta_9 Change\_chairman\_of\_board + \beta_{10} Change\_ceo + \beta_{11} Turn\_of\_assets + \beta_{12} Industry + \beta_{13} free\_cash\_divided\_by\_assets + \beta_{14} Lnr + \beta_{15} Lna + \beta_{16} Lnfc + \beta_{17} Lnv1 + \beta_{18} Lnv2 + \beta_{19} Profit$$

运用 Stata 软件，对以上公司治理行为变量与公司治理效率关系模型分别运算，检验模型显著性和变量参数显著性。

表 5-26　公司治理行为与公司治理效率关系模型显著性汇总表

模型	模型六	模型七	模型八	模型九	模型十
R^2	0.5986	0.4536	0.5641	0.9856	0.6416
调整 R^2	0.5959	0.4513	0.5611	0.9856	0.6370
F 检验值	237.0995	186.7108	195.6018	23263.1878	258.9572
P 值	0.0000	0.0000	0.0000	0.0000	0.0000

由表 5-26 可以看出,根据 F 检验值和 P 值,可以看出模型六、模型七、模型八、模型九、模型十的回归方程中表示公司治理效率的被解释变量、表示公司治理环境与结构的解释变量之间的线性关系显著,模型成立。模型六、模型八、模型九、模型十的可决系数 R^2、调整后的可决系数 R^2 均大于 0.5,说明模型对样本观测值的拟合程度较高。虽然模型七的可决系数 R^2、调整后的可决系数 R^2 小于 0.5,说明模型对样本观测值的拟合程度较低,但是仍然在可接受的范围内。

公司治理行为变量与公司治理效率变量关系模型估计参数与显著性检验结果具体见表 5-27。模型六～模型十的假设检验结果汇总见表 5-27～表 5-32。

表 5-27　公司治理行为变量与公司治理效率变量关系模型估计参数与显著性结果汇总表

变量 \ 参数	模型一	模型二	模型三	模型四	模型五
(常量)	90.3386 **	−8.3607	−1.3568 *	−2.9066 ***	0.3757 ***
关联交易金额占收入比例	0.0088 ***	2.09E−05	1.14E−06	−1.37E−06	−6.39E−07
关联交易次数	−0.0292	0.0248 *	−2.09E−06	−0.0011	5.5378E−04 ***
是否分红	−5.3280 *	0.4249	0.1555 *	0.0878 **	−0.0488 ***
董事会会议次数	0.1058	−0.0394	0.0042	−0.0030	0.0053 ***
股东大会次数	1.3188	0.7841 **	0.0372 *	−0.0189	−0.0054 *
监事会会议次数	1.2078	−0.1479	−0.0118	0.0132	−0.0026
通讯方式召开董事会会议次数	−0.8506 *	0.0114	−0.0131	0.0013	2.92E−05
股东大会出席率	−0.1087	0.0405 *	−0.0001	0.0010	−0.0004 *
董事长是否变更	−4.3431	−0.5121	−0.1928 **	−0.0131	0.0511 ***
总经理是否变更	0.3914	0.0497	0.0123	−0.0069	0.0005

续表 5-27

变量 \ 参数	模型一	模型二	模型三	模型四	模型五
总资产周转率	−1.8412	−0.9364 *	0.0292	0.1628 ***	−0.0103 *
行业	−0.4027	0.1781	0.0054	−0.0165 ***	0.0009
自由现金流量占资产比例	0.4005	6.1051 ***	−0.3675	5.9587 ***	0.1508 **
LN(营业收入)	−9.0358 ***	0.4882 **	0.0227	−0.0201 *	0.0003
LN(总资产)	5.8507 *	−12.7955 ***	−0.0322	0.9120 ***	−0.0328 ***
LN(企业自由现金流量)	0.6765	−1.2848 ***	−0.0131	−0.5058 ***	−0.0059
LN(企业价值)	1.3565	0.1558	0.0041	0.0057	−0.0046
LN(市场价值)	−2.8695	13.2174 ***	0.0725	−0.3419 ***	0.0258 ***
利润总额 *	7.77E−12	2.42E−11	1.18E−12	−9.03E−13	−1.20E−12

注：*** 显著性在 0.01 的水平；** 显著性在 0.05 的水平；* 显著性在 0.1 水平。未标注为不显著。

表 5-28　　模型六的假设检验结果汇总表

假设序号	变量	预测参数符号	模型估计参数符号	显著性	假设成立与否
H2-1	关联交易金额占收入比例	+	+	高	成立
	关联交易次数	+	−	不显著	不成立
H2-2	是否分红	−	−	低	成立
H2-3	董事会会议次数	−	+	不显著	不成立
	股东大会会议次数	−	+	不显著	不成立
	监事会会议次数	−	+	不显著	不成立
	通讯方式召开董事会会议次数	?	−	低	成立
	股东大会出席率	−	−	不显著	不成立
H2-4	董事长是否变更	−	−	不显著	不成立
	总经理是否变更	−	+	不显著	不成立
H2-5	总资产周转率	−	−	不显著	不成立

表 5-29　　模型七的假设检验结果汇总表

假设序号	变量	预测参数符号	模型估计参数符号	显著性	假设成立与否
H2-1	关联交易金额占收入比例	－	＋	不显著	不成立
	关联交易次数	－	＋	低	成立,反向
H2-2	是否分红	＋	＋	不显著	不成立
H2-3	董事会会议次数	＋	－	不显著	不成立
	股东大会会议次数	＋	＋	中	成立
	监事会会议次数	＋	－	不显著	不成立
	通讯方式召开董事会会议次数	?	＋	不显著	不成立
	股东大会出席率	＋	＋	低	成立
H2-4	董事长是否变更	＋	－	不显著	不成立
	总经理是否变更	＋	＋	不显著	不成立
H2-5	总资产周转率	＋	－	低	成立,反向

表 5-30　　模型八的假设检验结果汇总表

假设序号	变量	预测参数符号	模型估计参数符号	显著性	假设成立与否
H2-1	关联交易金额占收入比例	－	＋	不显著	不成立
	关联交易次数	－	－	不显著	不成立
H2-2	是否分红	＋	＋	低	成立
H2-3	董事会会议次数	＋	＋	不显著	不成立
	股东大会会议次数	＋	＋	低	成立
	监事会会议次数	＋	－	不显著	不成立
	通讯方式召开董事会会议次数	?	－	不显著	不成立
	股东大会出席率	＋	－	不显著	不成立

续表 5-30

假设序号	变量	预测参数符号	模型估计参数符号	显著性	假设成立与否
H2-4	董事长是否变更	+	−	中	成立,反向
	总经理是否变更	+	+	不显著	不成立
H2-5	总资产周转率	+	+	不显著	不成立

表 5-31　　模型九的假设检验结果汇总表

假设序号	变量	预测参数符号	模型估计参数符号	显著性	假设成立与否
H2-1	关联交易金额占收入比例	−	−	不显著	不成立
	关联交易次数	−	−	不显著	不成立
H2-2	是否分红	+	+	中	成立
H2-3	董事会会议次数	+	−	不显著	不成立
	股东大会会议次数	+	−	不显著	不成立
	监事会会议次数	+	+	不显著	不成立
	通讯方式召开董事会会议次数	?	+	不显著	不成立
	股东大会出席率	+	+	不显著	不成立
H2-4	董事长是否变更	+	−	不显著	不成立
	总经理是否变更	+	−	不显著	不成立
H2-5	总资产周转率	+	+	高	成立

表 5-32　　模型十的假设检验结果汇总表

假设序号	变量	预测参数符号	模型估计参数符号	显著性	假设成立与否
H2-1	关联交易金额占收入比例	−	−	不显著	不成立
	关联交易次数	−	+	高	成立,反向
H2-2	是否分红	+	−	高	成立,反向

续表 5-32

假设序号	变量	预测参数符号	模型估计参数符号	显著性	假设成立与否
H2-3	董事会会议次数	+	+	高	成立
	股东大会会议次数	+	−	低	成立,反向
	监事会会议次数	+	−	不显著	不成立
	通讯方式召开董事会会议次数	?	+	低	成立
	股东大会出席率	+	−	不显著	不成立
H2-4	董事长是否变更	+	+	高	成立
	总经理是否变更	+	+	不显著	不成立
H2-5	总资产周转率	+	−	低	成立,反向

5.4.5 公司治理结构对控股股东与最终控制人行为影响的检验

公司治理结构作为一种制度安排,体现在股东构成与分布、董事会组成、高管股权与报酬等等各个方面。基于这一点,我们采用了一组变量对上市公司的公司治理结构特征加以揭示。控股股东与最终控制人的行为表现多种多样,不仅包括关联交易行为、股利发放,还包括股东大会、董事会会议、监事会会议的情况,以及重要高管的任命变更,而资产周转率也是刻画控股股东与行为的重要指标。因此,对于控股股东与最终控制人的行为特征同样需要一组变量加以揭示。

由于公司治理结构、控股股东与最终控制人行为分别是"一组变量",公司治理结构对控股股东与最终控制人行为是否构成影响,二者相关性如何,不能简单采用单个变量进行检验。基于这一点,我们对公司治理结构对控股股东与最终控制人行为影响的检验采用了"典型相关分析"方法。

如果要研究一个变量和一组变量间的相关,则可以使用多元线性回归、两两相关系数(Pearson 相关系数和 Spearman 秩相关系数)等方法。但在研究两组变量的相关关系时，这些统计方法就无能为力了。典型相关(Canonical Correlation)分析的方法由霍特林(Hotelling)于 1936 年首次提出，是研究两组随机变量之间相关性的一种统计分析方法，它将两组随机变量间的相关信息更加充分地挖掘出来，分别在两组随机变量中提取相关性最大的两个成分，通过测定这两个成分之间的相关关系，可以推测两组随机变量的相关关系。典型相关分析将两组变量之间的相关性的研究转化为研究各组中提出的几个典型成分之间的相关性，通过减少变量的个数来简化分析，是一种降维技术，从而得到了广泛的应用。

我们运用 Stata 软件对公司治理结构对控股股东与最终控制人行为影响进行了典型相关分析，检验结果见表 5-33。

表 5-33　　公司治理结构对控股股东与最终控制人行为影响(H3)检验结果表

	统计值	*F*	*P*>*F*
Wilks' lambda	0.919796	33.9333	0.0000
Pillai's trace	1.62455	23.9947	0.0000
Lawley-Hotelling trace	3.95322	49.5639	0.0000
Roy's largest root	2.40155	332.5576	0.0000

从 Wilks' lambda、Pillai's trace、Lawley-Hotelling trace 与 Roy's largest root 四个典型相关分析的检验结果来看，公司治理结构对控股股东与最终控制人行为影响显著，因此假设“H3：公司治理结构特征与控股股东与最终控制人的行为存在显著相关关系”成立。

5.5 分析与讨论

5.5.1 公司治理环境与结构对公司治理效率的影响

与已有的文献不同,我们认为公司治理效率不应该只有一个测度指标,而是需要多个指标分别反映公司治理效率的不同方面。相应的,当公司治理效率的测度指标不同时,公司治理环境与结构对公司治理效率影响的假设检验结果不同。

5.5.1.1 四大专业委员会对公司治理效率的影响

“审计、薪酬与考核、提名、战略”四大专业委员会的设立,一直被认为是提高公司治理效率的重要机制。多位学者的研究都表明,四大专业委员会的设立有利于提高公司治理效率。我们假设:董事会四大专业委员会的设立与否、四大专业委员会的设立个数,都与公司治理效率存在显著的正相关关系。

分别以期间费用率、托宾 Q、总资产报酬率、净资产收益率、违规次数作为衡量公司治理效率的指标时,模型假设检验结果均表明:董事会四大专业委员会的设立与否、四大专业委员会的设立个数与公司治理效率不存在显著相关关系,本研究样本数据并不支持假设。

实证结果显示,虽然我国大多数 A 股上市公司已经设立了“审计、薪酬与考核、提名、战略”四大专业委员会,但是其设立却未能有效地提高公司治理效率。之所以出现这样的结果,与我国董事会人员素质、董事会履行职责的环境有很大关系。从公司治理结构来看,我国上市公司已经与国际接轨,甚至有些规定、制度比国际上一些国家的要求还要更高、更严。但是结构只是形式,董事会内设置四大专业委员会是否能够成为公司治理的有效机制,在实质上起到提高公司治理效率的作用，与董事会人员素质及其履职的环境密切相关。这为提高公司治理效率提供了实证基础。

5.5.1.2　董事会规模对公司治理效率的影响

作为公司决策机构的董事会，其规模过高会带来效率缺失。已有研究证实，董事会规模与公司治理、公司业绩的关系呈现负相关。我们假设：董事会规模与公司治理效率存在显著负相关关系。

以期间费用率、净资产收益率、总资产报酬率作为衡量公司治理效率的指标时，假设检验结果表明：董事会规模与公司治理效率不存在相关关系，样本数据并不支持上述假设。以托宾 Q、违规次数作为衡量公司治理效率的指标时，假设检验结果表明：董事会规模与公司治理效率存在显著的相关关系，但是样本数据揭示了董事会规模与公司治理效率存在正相关关系，这与假设中负相关关系不符，也与很多文献研究的结果不同。

实证结果显示，在我国，大多数上市公司董事会规模在 7～15 人（约占样本数的 94.08%），董事会人数最少的只有 3 人，最多的达到 19 人。董事会规模越大，以托宾 Q 值衡量的公司价值越大、违规次数越少，公司治理效率越高。由此可见，董事会规模越大，公司治理效率越高。董事会规模大，加大了管理成本，甚至会降低决策效率，但是客观上能使不同董事之间能力形成互补，降低决策失误，相互制约而达到遏制“内部人控制”的效果，弥补了董事会成员管理能力不足、专业性较低的缺陷。

5.5.1.3　监事人数、高级管理人员总人数对公司治理效率的影响

与董事会规模类似，作为公司监督机构的监事会成员和包括董事、监事与高级经理在内的高级管理人员，其人数过多也会带来效率缺失。我们假设：监事人数、高级管理人员总人数（包括董事、监事与高级经理在内的高级管理人员）与公司治理效率存在显著

负相关关系。

以托宾Q作为衡量公司治理效率的指标时，假设检验结果表明：监事人数与公司治理效率存在显著正相关关系，这与假设中负相关关系不符，也与很多文献研究的结果不同。以期间费用率、净资产收益率、总资产报酬率、违规次数作为衡量公司治理效率的指标时，假设检验结果表明：监事人数与公司治理效率不存在相关关系，样本数据并不支持假设；以托宾Q、违规次数作为衡量公司治理效率的指标时，假设检验结果表明：高级管理人员总人数与公司治理效率存在显著的相关关系，与违规次数存在显著的正相关关系（即与公司治理效率呈负相关），但是样本数据揭示了高级管理人员总人数与托宾Q存在正相关关系，这与假设中负相关关系不完全相符。以期间费用率、净资产收益率、总资产报酬率作为衡量公司治理效率的指标时，假设检验结果表明：高级管理人员总人数与公司治理效率不存在相关关系，样本数据并不支持假设。

实证结果显示，在我国，大多数上市公司监事人数在3～7人（约占样本数的97%），监事最多为13人，也有少数样本没有设置监事会（监事人数为0）。监事人数越多，以托宾Q值衡量的公司价值越大，公司治理效率越高；高级管理人员总人数在11～27人（约占样本数的95%），最少的只有7人，最多的达到56人。高级管理人员总人数与托宾Q、违规次数显著相关。高级管理人员数量越多，以托宾Q衡量的公司价值越大，违规次数越多。高级管理人员总人数对公司治理效率的影响呈现“双刃剑”的特征。

监事会在我国上市公司公司治理中主要起监督作用，在制度设计中应该能起到提高公司治理效率的作用。但是，在实际运行中，监事会并没有有效发挥作用，形同虚设。这一方面是由于公司治理中监督制度的重复设置（我国在监事会之外，还设立了独立董事制度），导致监事会不能受到足够的重视；另一方面由于我国上市公司监事人员素质与能力还不能起到有效监督的作用。实证结果显示监事会与公司治理效率没有关系，符合我国上市公司监事会的实际情况。

高级管理人员包括公司董事、监事和其他高级管理人员（财务总监、运营总监、副总经理等），这些人员数量的增加客观上会增加公司的管理成本，但是未必能提高公司管理效率和公司管理效率，甚至会降低管理效率。呈现对公司治理效率影响的“双刃剑”特征，主要与这些人员在不同公司的具体岗位职责、权利不同、发挥作用不同有关。

5.5.1.4　董事长与总经理的两职设置状况对公司治理效率的影响

董事长与总经理的两职设置状态对公司治理效率的影响是一个争论焦点，不同学者从不同理论出发，得出了不同的结论。以委托代理理论为依据，我们假设：董事长与总经理的两职设置状况与公司治理效率负相关（董事长与总经理由同一人兼任赋值 1，董事长与总经理由同一人兼任赋值 2）。

分别以期间费用率、托宾 Q、总资产报酬率、净资产收益率、违规次数作为衡量公司治理效率的指标时，模型假设检验结果均表明：董事长与总经理的两职设置状态与公司治理效率不存在显著相关关系，样本数据并不支持假设。

实证结果显示，董事长与总经理由同一人担任的公司数占样本总数 12.36％，董事长与总经理完全分开的公司数占样本总数 86.53％。由此可见，在我国，董事长与总经理的两职兼任情形并不多。董事长与总经理的两职设置状态对公司治理效率不存在显著影响，董事长与总经理由同一人兼任并不会显著地降低公司治理效率，这与很多文献的研究结论不同。这一点在现实中也存在着大量的实例，有很多世界著名公司的董事长和总经理往往由一个人担任，但是公司治理效率依然较高。

5.5.1.5 独立董事比例对公司治理效率的影响

国内外对于独立董事与公司治理之间关系的研究结论不尽相同。有学者研究表明独立董事比例高的公司,其业绩反而更差,外部董事制度与反映公司绩效的托宾 Q 具有负相关关系;有学者研究发现独立董事比例和公司经营业绩之间没有什么显著的相关关系,也有学者研究发现独立董事在董事会中的比例与公司绩效之间呈正相关关系。根据委托代理理论,结合独立董事设置的初衷与目的,我们假设:独立董事比例与公司治理效率正相关。

以托宾 Q 作为衡量公司治理效率的指标时,假设检验结果表明:独立董事比例与公司治理效率存在显著正相关关系。也就是说,独立董事比例越高,以托宾 Q 衡量的公司价值越大,公司治理效率越高;以期间费用率、违规次数、净资产收益率、总资产报酬率作为衡量公司治理效率的指标时,假设检验结果表明:独立董事比例与公司治理效率不存在相关关系,样本数据并不支持假设。

实证结果显示,大多数上市公司独立董事比例超过了证监会要求的最低比例(约占样本数的 92.33%)。独立董事比例最低为 0,最高为 71%。尽管相关监管部门要求在 2003 年末上市公司董事会的独立董事比例必须达到三分之一,但仍然有上市公司未达到这一要求(占样本数 7.67%),有的公司董事会竟未设立独立董事(占样本数 0.071%)。但是,独立董事比例不会对公司的期间费用率、净资产收益率、总资产报酬率、违规次数产生影响,独立董事在提高公司治理效率方面发挥的作用有限。

独立董事制度是公司治理中的一个重要的监督机制。特别是在保护中小股东利益方面,正是独立董事的职责所在。之所以出现“独立董事比例与公司治理效率没有关系”的实证结果,原因在于这样几个方面:一是独立董事的独立性不强。尽管我国相关法律法规对独立董事的独立性做了较为详细的规定,但是独立董事的独立不仅仅在于形式上的独立,关键是其能否“独立”地履行义务与责任,也就是“实质独立”,而实质独立则在法律制度层面难以有效解决,关键在于独立董事自身约束、职业道德操守等。二是在我国具有深厚企业管理实践经验和能力的独立董事并不多,独立董事中很大一部分来自于管理专家,这些专家或许在管理的某些方面具有特长,对管理某一领域具有很深的造诣,但是企业管理实践、公司治理则需要独立董事具有全面的管理实践经验与能力。显然,目前的独立董事还不能达到这样的状态。三是独立董事的奖惩机制未能有效发挥作用。独立董事常常成为“花瓶董事”,为自身的失职行为往往承担较小的责任(相对于造成的损失),甚至不承担责任,客观上使得独立董事制度难以有效发挥作用。

5.5.1.6　高管层持股情况对公司治理效率的影响

根据委托代理理论,高管层持股作为一种激励机制,有利于解决公司所有权和经营权分离导致的委托代理问题。本书将高管层持股细分为持股董事比例、董事会持股比例、高级经理人员持股比例、董事长持股比例以及总经理持股比例,并假设:上述持股比例与公司治理效率呈正相关关系。

以违规次数作为衡量公司治理效率的指标时,假设检验结果表明:持股董事比例与违规次数存在负相关关系。这说明,在董事会中,持股董事的增加有利于减少公司违规,提高公司治理效率,从而有利于保护股东利益。以期间费用率、托宾 Q、净资产收益率、总资产报酬率作为衡量公司治理效率的指标时,假设检验结果表明:持股董事比例与公司治理效率不存在相关关系,样本数据并不支持假设;以总资产报酬率作为衡量公司治理效率的指标时,假设检验结果表明:高级经理人员持股比例与公司治理效率存在显著正相关关系,说明高管人员持股比例越高,总资产报酬率越高,公司治理效率越高。以期间费用率、托宾 Q、净资产收益率、违规次数作为衡量公司治理效率的指标时，假设检验结果表明：高级经理人员持股比例与公司治理效率不存在相关关系，样本数据并不支持假设；以违规次数作为衡量公司治理效率的指标时，假设检验结果表明：总经理持股比例越高，违规次数越少，公司治理效率越高。以期间费用率、托宾Q、净资产收益率、总资产报酬率作为衡量公司治理效率的指标时，假设检验结果表明：总经理持股比例与公司治理效率不存在相关关系，样本数据并不支持假设；分别以期间费用率、托宾Q、净资产收益、总资产报酬率、违规次数作为衡量公司治理效率的指标时，假设检验结果表明：董事会持股比例、董事长持股比例均与公司治理效率不存在相关关系，样本数据并不支持假设。

高管层持股情况与公司治理效率不存在显著相关，与理论分析、国外实证研究结论均不一致。之所以产生这样的结果，有几方面的原因：一是实证结果显示，我国上市公司的高管层持股比例存在较大差异，高管层持股情况较为复杂；二是高管层自身的利益与高管层是否持股没有关系，高管层薪酬主要和公司业绩相关，其经济利益主要来自于实现利润目标而带来的激励报酬，与公司股价也不相关；三是高管层持股比例普遍偏低，股价变动所引起的经济利益的变化不足以对高管层形成激励与约束。因此，从总体来看，高管层持股，对提高上市公司的公司治理效率作用不大。

5.5.1.7 直接控股股东持股比例对公司治理效率的影响

前面章节的理论分析与已有文献的研究结论表明，控股股东有侵害中小股东利益的倾向。我们假设：直接控股股东持股比例与公司治理效率呈负相关关系。

以托宾Q、净资产收益率、总资产报酬率、违规次数作为衡量公司治理效率的指标时，假设检验结果表明：直接控股股东持股比例与公司治理效率存在显著相关关系。直接控股股东持股比例越高，则以托宾 Q、总资产报酬率与违规次数作为测度指标的公司治理效率越低，以净资产收益率作为测度指标的公司治理效率越高。说明直接控股股东持股比例越高，净资产收益率越高；以期间费用率作为衡量公司治理效率的指标时，假设检验结果表明：直接控股股东持股比例与公司治理效率不存在相关关系，样本数据并不支持假设。

实证结果显示，我国上市公司的直接控股股东持股比例大部分在 20%～50%（占样本总数的 61.34%，平均为 37.75%，最低值为 16%）。有 25.70%的样本直接控股股东比例大于 50%，这与我国上市公司制度设计有关。总体上看，直接控股股东持股比例对公司治理效率的影响较大。

5.5.1.8　高管薪酬对公司治理效率的影响

高管薪酬是公司治理结构的重要组成因素。根据委托代理理论，为提高高管层积极性，需要对高管层实施激励制度。我们假设：领取报酬的董事比例、领取报酬的高管比例、高级管理人员报酬总额占收入比例与公司治理效率呈显著正相关。

以期间费用率作为衡量公司治理效率的指标时，假设检验结果表明：高管薪酬与公司治理效率显著相关。领取报酬的董事比例与高级管理人员报酬总额占收入比例越高，期间费用率越高，公司治理效率越低。领取报酬的高管比例越高，期间费用率越低，公司治理效率越高；以违规次数作为衡量公司治理效率的指标时，假设检验结果表明：高管薪酬与公司治理效率显著相关。领取报酬的董事比例越高，期间费用率越高，公司治理效率越低。领取报酬的高管比例越高，期间费用率越低，公司治理效率越高。以托宾 Q、净资产收益率、总资产报酬率作为衡量公司治理效率的指标时，假设检验结果表明：高管薪酬与公司治理效率不存在相关关系，高级管理人员报酬总额占收入比例与违规次数不相关，样本数据并不支持假设。

实证结果表明,领取报酬的董事人数比例最高为1,也就是全体董事均在上市公司领取报酬,最低比例为0。领取报酬的高管人数比例最高也为1,最低为12%。高级管理人员薪酬超过营业收入的样本有44个,高级管理人员薪酬占营业收入的平均比例为18.93%,最低比例不足万分之一,高级管理人员薪酬占营业收入比例在样本间的分布差异较大。总体来看,高管层薪酬对公司治理效率有一定的影响。实证结果与假设之所以不一致,主要在于我国上市公司高管薪酬的制度安排。大多数上市公司高管薪酬主要和公司利润挂钩,但是公司利润并非构成高管薪酬与收入的主要来源,样本中有的上市公司高管薪酬甚至高过营业收入,这是极不正常的现象,也反映了我国高管薪酬制度的缺陷。

5.5.1.9 前十大股东关系对公司治理效率的影响

根据前面章节的理论分析,前十大股东是否存在关联关系是反映股东之间是否存在关联关系的重要变量,但是这一变量对公司治理效率影响并不能确定。我们假设:前十大股东是否存在关联关系与公司治理效率存在显著相关。

以总资产报酬率作为衡量公司治理效率的指标时,假设检验结果表明:前十大股东是否存在关联关系与公司治理效率存在显著相关关系;以期间费用率、托宾Q、净资产收益率、总资产报酬率、违规次数作为衡量公司治理效率的指标时,假设检验结果表明:前十大股东是否存在关联关系与公司治理效率没有显著相关关系,本书样本数据没有支持相关假设。

实证结果显示,前十大股东之间不存在关系的样本占总样本的8.32%,存在关联关系的样本占总样本的35.91%,远远高于不存在关系的样本数。这说明,在我国上市公司,前十大股东之间存在关系较为广泛,但是样本数据并不显著支持前十大股东之间是否存在关系与公司治理效率之间存在相关关系。之所以出现这样的结果，主要原因在于：一方面我国上市公司长期“一股独大”，而且第一大股东的持股比例远远高于其他股东持股比例，大股东之间难以形成相互制约关系；另一方面，前十大股东中存在“利益一致人”，他们构成“行动共同体”，也使得股东之间的制约关系难以发挥。因此前十大股东的关系未能对公司治理效率提高产生影响。

5.5.1.10　直接控股股东性质与最终控制人类别对公司治理效率的影响

根据前面章节的理论分析，直接控股股东、实际控制人与最终控制人对公司治理效率的影响越来越大。结合已有的研究结论，我们假设：直接控股股东性质、实际控制人性质、最终控制人类型与公司治理效率显著相关。

以违规次数作为衡量公司治理效率的指标时，假设检验结果表明：直接控股股东性质、实际控制人性质、最终控制人类型均与公司治理效率存在显著相关关系；以托宾Q、总资产报酬率作为衡量公司治理效率的指标时，假设检验结果表明：直接控股股东性质、实际控制人性质与公司治理效率存在显著相关关系，而最终控制人类型与公司治理效率不存在显著相关关系；以期间费用率、净资产收益率作为衡量公司治理效率的指标时，假设检验结果表明：直接控股股东性质、实际控制人性质、最终控制人类型均与公司治理效率不存在显著相关关系。样本数据并不支持假设。

实证结果表明，我国上市公司的直接控股股东大多数为“国家股、国有股或者国有法人股”（占样本总数的51.16%以上），其次为“流通A股”、“境内法人股”。流通A股之所以比例有所增加，是由于在2005年我国进行了股票市场的“股权分置改革”，改变了过去上市公司流通股与非流通股并存的局面，从而使得流通A股在上市公司中的比例上升。实际控制人性质大多数为具有国家、政府背景的企业(占样本总数 61.69%),其次为自然人。最终控制人是"国有控股"类型的比例为 34.81%,其次为民营控股。这些数据表明,在我国,大多数上市公司仍然为具有国家、政府背景的企业或者单位所控制,这是我国上市公司区别于其他国家上市公司的典型特征。研究结果也表明,这一特征对公司治理效率越高的影响较为显著。

5.5.1.11 两权分离度对公司治理效率的影响

两权分离度是指控制权与所有权(现金流量权、表决权)之间的差值,两权分离的程度会影响控制人的利益侵占行为。根据前面章节的理论分析,结合已有文献的研究结论,我们假设:两权分离度与公司治理效率呈显著负相关。最终控制人的现金流量权与控制权之间偏离的程度越大,其侵占上市公司利益的动机就越强烈,从而降低公司治理效率。

以托宾 Q、违规次数作为衡量公司治理效率的指标时,两权分离度与托宾 Q 值、违规次数均显著负相关。假设检验结果表明:两权分离度与公司治理效率存在显著相关关系,但是其与公司治理的相关关系因公司治理效率的测度指标而异;以期间费用率、净资产收益率、总资产报酬率作为衡量公司治理效率的指标时,假设检验结果表明:两权分离度与公司治理效率不存在相关关系。样本数据并不支持假设。

实证结果显示,我国上市公司的两权分离度大部分低于 1%(占样本总数的 41.43%),两权分离度最高达 58.25%。根据实证检验的结果可以看出,两权分离度越大,以托宾 Q 值表示的公司价值越低,违规次数越少。这反映了市场对于两权分离度较大的公司表现出较低的投资兴趣,因而托宾 Q 值较低。但是两权分离度越大,违规次数越少,这与假设相反,值得深思。这样的结果与理论分析、国外的实证研究结论明显不一致。产生这样的实证结果的主要原因在于:我国上市公司最终控制人对上市公司的“隧道挖掘行为”和“支持行为”(向上市公司利益输送行为)同时存在,前者会降低公司治理效率,而后者则会提高公司治理效率。例如,当上市公司由于经营困难或者其他原因而被列为“ST”(特别处理股票)时,控股股东与最终控制人往往会采取向上市公司输入资金、转入盈利资产等行为,以避免上市公司被“ST”。

5.5.2　控股股东与最终控制人行为对公司治理效率的影响

效率是行为的结果。在公司治理中,控股股东与最终控制人行为会对公司治理效率产生影响。控股股东与最终控制人行为包括股东、董事、监事、高级经理人员等参与公司治理的主题的各种行为。

5.5.2.1　关联交易情况对公司治理效率的影响

理论研究表明,控股股东、最终控制人往往通过关联交易,将公司资源和利益转移给自己或将自身风险转嫁到上市公司,实施隧道挖掘行为,损害了中小股东利益。我们假设:关联交易涉及金额占收入比例、关联交易次数与公司治理效率存在显著负相关。

以期间费用率作为衡量公司治理效率的指标时,假设检验结果表明:关联交易涉及金额占收入比例与公司治理效率存在显著正相关关系。以托宾Q、净资产收益率、总资产报酬率、违规次数作为衡量公司治理效率的指标时,假设检验结果表明:关联交易涉及金额占收入比例与公司治理效率不相关,样本数据并不支持假设;以托宾Q、总资产报酬率和违规次数作为衡量公司治理效率的指标时,假设检验结果表明:关联交易次数与公司治理效率存在显著相关关系,与托宾Q存在显著正相关,与总资产报酬率、违规次数存在显著负相关,这与假设并不完全一致。以期间费用率、净资产收益率作为衡量公司治理效率的指标时,假设检验结果表明:关联交易次数与公司治理效率不存在显著相关,样本数据并不支持假设。

实证结果显示,我国上市公司关联交易金额平均为营业收入的121.84倍,关联交易次数平均每年为17次。公司间关联交易金额占营业收入的比例、关联交易次数差异较大。部分上市公司存在着严重的关联交易,这是公司治理效率不高的重要表现。关联交易行为是控股股东与最终控制人从上市公司转移利益,进行"隧道挖掘"的主要手段,这些行为往往是"违规行为",会使得公司资产报酬率降低,从而降低公司治理效率。但是,这些行为对期间费用率、净资产收益率则影响不大。

5.5.2.2 分红情况对公司治理效率的影响

理论分析和已有的实证分析结果均表明,现金股利是降低股东与经营者之间和大小股东之间利益冲突的有效方式。操纵股利也是控股股东和实际控制人转移公司资源和利益,实施隧道挖掘行为,损害中小股东利益的重要手段。分配现金红利意味着公司资源流出,管理层和大股东、实际控制人能够实际控制的资源减少,侵害中小股东利益的可能性就会降低。我们假设:是否分红(未分红取值为0,分红取值为1)与公司治理效率存在显著正相关。

以期间费用率、净资产收益率、违规次数作为衡量公司治理效率的指标时,假设检验结果表明:是否分红与公司治理效率存在显著相关关系。是否分红变量与期间费用率、净资产收益率存在显著正相关,与违规次数存在显著负相关;以托宾Q、总资产报酬率作为衡量公司治理效率的指标时,假设检验结果表明:是否分红与公司治理效率不相关,样本数据并不支持假设。

从实证结果来看,是否分红与公司治理效率之间存在显著相关，但是提出的假设与实证结果并不完全一致。之所以出现这种现象，主要原因在于：我国上市公司股东收益，特别是中小股东收益的主要来源是买卖股票的价格差异，而非上市公司分红，现金股利不能成为激励股东参与公司治理的有效措施。

从总体上来看，样本数据表明，我国分配现金股利和未分配现金股利的样本数量差异不大。与英美、德日等国家相比，我国上市公司的现金股利发放次数偏低。从不同年份的现金股利发放情况来看，在 2008 年以前，未发放现金股利的上市公司数明显高于发放现金股利的公司数。2008 年以后，发放现金股利的上市公司数才逐渐高于未发放现金股利的公司数，这主要是由于我国证监会为了引导和规范上市公司现金分红，在 2008 年 10 月 9 日发布了《关于修改上市公司现金分红若干规定的决定》（中国证券监督管理委员会令第 57 号），促使更多上市公司发放现金股利。不同年份上市公司分红情况示意图见图 5-1。

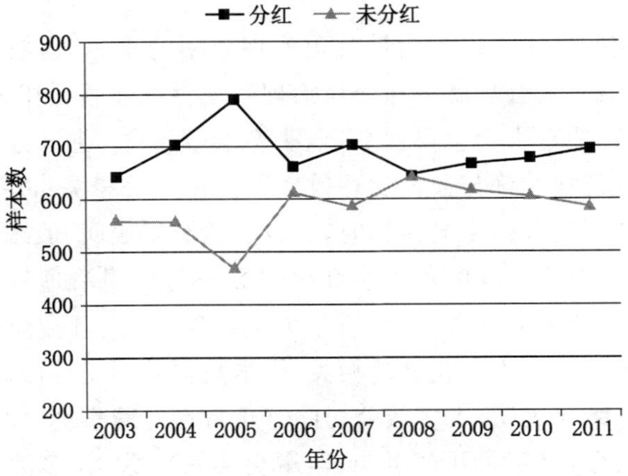

图 5-1　上市公司分红情况示意图

5.5.2.3 董事会、股东大会和监事会会议情况对公司治理效率的影响

股东大会是股东参与公司治理的主要手段，董事会会议是董事履行职责、与经营者相互沟通、了解公司经营情况及监督经营者的主要手段，监事会会议是监事会履行监督义务的主要手段之一。董事会会议、监事会会议次数反映了董事会、监事会的勤勉尽职程度。董事会、股东大会和监事会会议次数多有利于董事与股东之间、监事与股东、股东之间等参与公司治理主体的信息沟通，能提高公司治理效率。我们假设：董事会会议次数、股东大会会议次数、监事会会议次数都与公司治理效率存在显著正相关；另外，股东大会出席率反映了股东参与公司治理的程度，董事会会议形式也会对公司治理产生影响，我们假设：股东大会出席率与公司治理效率存在显著正相关，通讯方式召开董事会会议次数与公司治理效率显著相关。

以期间费用率作为衡量公司治理效率的指标时，假设检验结果表明：股东大会出席率与公司治理效率存在显著正相关，董事会会议次数、股东大会会议次数、监事会会议次数、通讯方式召开的董事会会议次数都与公司治理效率不存在显著相关；以托宾 Q 作为衡量公司治理效率的指标时，假设检验结果表明：股东大会会议次数、通讯方式召开的董事会会议次数都与公司治理效率存在显著正相关，董事会会议次数、股东大会出席率、监事会会议次数都与公司治理效率不存在显著相关，样本数据并不支持假设。

实证结果表明，大多数公司能够正常召开董事会、监事会会议和股东大会，每年召开董事会、监事会会议次数、大多数在 3 次以上，股东大会会议次数则较少。也存在一些公司频繁召开董事会、监事会会议和股东大会。股东大会出席率分布较为分散，出席率最高为 100%，最低不足 1%（1 个样本）。从总体来看，实证检验

结果显示，作为参与公司治理的重要方式董事会、股东大会和监事会会议情况与公司治理效率的测度指标的相关关系并不显著。之所以出现这样的结果，关键在于上述几类会议的效果与效率。由于我国上市公司股权结构的特殊性(例如：一股独大、国有股比例较高等)，在上述会议中代表中小股东利益的“表决权”无法有效发挥作用，客观上限制了这些“会议”行为对提高公司治理效率的贡献。

5.5.2.4　董事长与总经理变更对公司治理效率的影响

良好的公司治理机制能够及时对业绩低劣公司的公司高管人员进行惩罚，董事长与总经理变更是重要的公司治理行为，董事长与总经理变更与公司治理效率之间关系密切。我们假设：董事长是否变更、总经理是否变更与公司治理效率呈显著相关。

以违规次数作为衡量公司治理效率的指标时，假设检验结果表明：董事长是否变更与公司治理效率存在显著相关，发生董事长变更的公司违规次数较多，表明公司治理机制对违规做出了反应，发挥了作用。以期间费用率、托宾 Q、净资产收益率和总资产报酬率作为衡量公司治理效率的指标时，假设检验结果表明：董事长变更与公司治理效率不存在显著相关，样本数据并不支持假设；以总资产报酬率作为衡量公司治理效率的指标时，假设检验结果表明：总经理是否变更与公司治理效率存在显著相关，发生总经理变更的公司总资产报酬率较低，表明公司治理机制对总资产报酬率较低的行为做出了反应，发挥了公司治理的监督作用。以期间费用率、托宾 Q、净资产收益率和违规次数作为衡量公司治理效率的指标时，假设检验结果表明：总经理变更与公司治理效率不存在显著相关，样本数据并不支持假设。

实证结果显示，我国上市公司董事长和总经理变动并不频繁，有 80%以上的样本董事长和总经理这两个关键岗位人员并未发生变动。这可能有两个方面的原因:一是董事长和总经理的变更一般与公司股东发生变化相关联,特别是当公司大股东发生变化时,公司的董事长和总经理一般均会发生变化。但是股东变化,特别是大股东的变化并不经常发生。二是董事长和总经理是公司经营管理、公司治理的两个重要岗位,人员的频繁变动不利于经营管理,也不利于公司治理效率的提高。

5.5.2.5 总资产周转率对公司治理效率的影响

总资产周转率是衡量控股股东与最终控制人行为的隐性指标。总资产周转率反映了企业经营运转状况好坏,与公司高管层的努力程度息息相关,而高管层的努力与否,在很大程度上取决于控股股东与最终控制人参与公司治理的程度。我们假设:总资产周转率与公司治理效率存在显著正相关。

以总资产报酬率、违规次数作为衡量公司治理效率的指标时,假设检验结果表明:总资产周转率与公司治理效率存在相关关系。总资产周转率越高,总资产报酬率越高,而违规次数也越高;以期间费用率、托宾 Q、净资产收益率作为衡量公司治理效率的指标时,假设检验结果表明:总资产周转率与公司治理效率不相关。样本数据并不支持假设。

实证结果显示,我国上市公司总资产周转率最高为 36 次,最低仅为 0.000001 次,平均为 0.7 次,仅有 18.80%的公司总资产周转率大于 1。这说明大多数上市公司总资产周转率较低,这与上市公司的行业特征、宏观经济状况等有关系,但总体上说明大多数公司资产运营效率不高。总资产周转率虽然反映了公司高管层努力的程度,但是“高管层努力”仅仅只是解决股东与经营者之间存在的代理问题的一个方面。而在我国,上市公司普遍存在的不是股东与经营者之间的代理问题,而是大股东与中小股东之间的代理问题,这一问题的解决并不能依靠“高管层努力”来解决。这是实证结论与假设不完全一致的重要原因。

5.5.3　公司治理结构与控股股东与最终控制人行为的关系

我们提出了基于“结构—行为—效率”的实证分析框架，并进一步提出了公司治理结构与控股股东与最终控制人行为之间存在显著相关的假设。

从实证分析结果来看，这一假设显著成立。这说明公司治理结构和控股股东与最终控制人行为之间存在着密切关系，与本研究的理论研究结论一致。公司治理结构作为一种制度安排，会对控股股东与最终控制人的行为产生影响，进而影响公司治理效率。但是，本研究并未明确指出公司治理结构与控股股东与最终控制人行为的因果关系。作为一种制度安排，公司治理结构具有规范和约束控股股东与最终控制人行为的作用。控股股东与最终控制人参与公司治理，其行为必然会影响公司治理的制度安排，也就是控股股东与最终控制人行为会影响公司治理结构。二者互为因果关系，这更符合客观现实。因此本研究未对二者的因果关系进行进一步分析。

第6章 研究结论与展望

6.1 提高公司治理效率的对策建议

提高公司治理效率,就必须对企业这一重要的市场经济主体进行深入的研究。随着新古典经济学、制度经济学、信息经济学的发展,企业理论的研究方兴未艾。古典经济学认为市场是配置资源的唯一手段,企业是一个投入产出的“黑箱”。自从科斯1937年发表《企业的性质》一文以来,研究开始深入到“黑箱”,随后人们从不同方面提出了各自对企业的认识。典型的企业理论主要有:交易费用理论、团队生产理论、契约理论等。交易费用理论认为,人们之间的交易有两种不同的组织方式:市场和企业,之所以选择企业作为交易方式,原因在于企业能够节约交易费用。团队生产理论则认为企业的实质是“团队生产”,而非个别成员生产的简单组合。Jensen和Meckling(1976)[3],Cheung(张五常)(1983)[292]等学者都认为,从本质上讲,企业是一种契约关系。契约理论认为,企业是一组契约的组合,人们以契约为纽带联结在一起,契约也是企业参与者行为必须遵守的规则。在企业这个法律实体中,包括了为企业贡献要素的不同利益相关者之间的各种契约,既有显性契约,也有隐性契约。契约理论,尤其是不完全契约理论为企业理论的发展提供了重要的分析工具和理论基础。契约作为一组承诺的集合,缔约方在签约时做出承诺,且预期在未来契约到期日这些承诺能够被兑现。完全契约是指这些承诺的集合完全包括了双方在未来预期的事件发生时所有的权利和义务。但是由于有限理性和机会主义的存在，缔约方之间要达成完全契约的条件（即：预测未来发生的时间并将其在契约中加以详细规定）不可能发生，即使能够达成契约，也会由于执行费用过高而没有效率，这就是契约的不完全。根据契约理论，企业是不完全契约的组合，契约之所以不完全，是由于受到了不同利益主体的决策有限理性、信息不对称的影响，也与衡量契约是否完全履行的标准难以确定有关。

Hart 和 Moore(1999)认为，在完全信息条件下，参与交易的人们能够拟定具有约束力的契约，并且在契约中将各缔约方的各种情况下的责任、义务和权利清晰、完整地加以规定。[293] 由于有限理性的约束，契约缔约方对未来可能发生的情况难以做出判断、规划和描述，无法在契约中明确权利和义务。在契约执行过程中，一旦双方发生纠纷，契约第三方难以明确这些条款是什么意思并强制加以执行。因此，契约往往存在遗漏和缺口，也就是说，契约是不完全的，不存在完全契约。

在契约不完全时，所有权是权力的来源。按照产权观点，契约未作规定的情况下，所有者有权决定相关资产的使用方法。资产所有者拥有资产的剩余控制权：即可以按照任何不违背契约、惯例或法律规定的方式决定资产的使用方法的权力。把所有权定义为剩余控制权，与较为标准的所有权定义不同：在标准定义中，所有者拥有资产的剩余收入而不是该资产的剩余控制权（Hart, 1988）。[294]

公司治理因委托代理问题而存在，其目的在于减轻公司相关利益主体之间的利益冲突。企业理论的一个显著的特征就是：把企业看成一系列契约的联结。但是这一系列契约又是不完整的，企业实质上是相关利益主体之间缔结成的一系列“不完全契约”的集合。由于契约的不完全，当相关利益主体之间发生利益冲突时，就需要建立相应的机制来解决由此而带来的问题，因此提高公司治理效率应从解决“不完全契约”带来的问题入手。

6.1.1 完善和强化相关利益主体的刚性约束

Hart 和 Moore(2008)认为,契约为交易各方提供了参照点,更精确地说是参与各方对权利的感受,一方对权利的认识由所签订的契约决定,事后收益取决于他是否获得了契约赋予的相关产出的权利。其他对权利的影响因素有时也是重要的,权利的外部度量能妨碍一个事前契约,而因此延迟(执行)契约对参与方是最优的。也就是说,最优事前契约可能是“没有契约”。参与交易各方可能敷衍执行契约而非完全执行,Hart 和 Moore 称之为减让。弹性契约使得参与方能调整结果以适应外界条件,但是这种选择会引起一方感到权利受到不法侵害和不公正对待,导致减让并带来盈余损失(无谓损失)。[295]刚性契约不允许参与方调整结果以使之适应外界条件,能减少这种无谓损失。一个最优契约是刚性与弹性契约之间的平衡。Fehr 等(2011)的实证检验证明了 Hart 等的观点,他们证实了:当契约条款是在非竞争方式下确定的,刚性契约有助于避免减让,事前竞争市场下的契约定义了一个参照点。[296]

在公司中,公司相关利益主体之间会达成一系列“刚性契约”。这些契约包括两个方面:一是公司外部的法律、法规、制度中关于公司相关利益主体权利、义务和责任的规定,例如:公司法、证券法、上市公司章程指引、上市公司治理准则、上市公司股东大会规则、独立董事制度、股权激励、企业内部控制基本规范、股票交易所交易规则、股票上市规则、上市公司规范运作指引等,这些“刚性契约”是由政府监管部门、证券交易所等外部机构制定并监督执行;二是公司内部的各种规章制度,包括:公司章程、公司董事会议事规则、公司监事会议事规则、公司高管薪酬激励制度、公司信息披露制度、公司内幕信息及知情人管理制度等。这些刚性契约应该是相关利益主体通过“竞争性谈判”达成，成为公司相关利益主体行为的“参照点”，有效降低公司中相关利益主体之间的利益冲突，提高公司治理效率。当公司成立之际，公司的相关利益主体之间相互进行“竞争性谈判”，达成了“刚性契约”，同时他们之间的关系也从“竞争关系”转换成复杂的“双边关系”，这时需要降低上述契约的弹性，因为弹性契约使得参与方能调整结果以适应外界条件，但是这种选择会引起一方感到权利受到不法侵害和不公正对待，导致减让并带来盈余损失(无谓损失)。刚性契约不允许参与方调整结果以使之适应外界条件，能减少这种无谓损失。公司相关利益主体一旦达成上述契约，就必须遵守这些“刚性契约”。完善和强化对相关利益主体的刚性约束，有利于提高公司治理效率。

6.1.2　建立和完善市场经济，强化市场竞争

契约理论认为：当条款是通过非竞争方式协商时，契约提供了一个权利参照点的结论不再有效。如果缺乏基本转换(fundamental transformation，即：从竞争市场转换成双边关系；Williamson，1985)，契约中的卖方不再认为契约是一个显著的参照点，基本转化对契约成为参照点是重要的。[297]证据显示，契约对交易关系的作用不仅依赖于契约的内容，而且依赖于它所处环境的竞争性。当契约条款是竞争市场下谈判的结果时，契约提供一个权利的参照点，但是非竞争市场则不再是(Fehr 等，2009)。[298]对契约买方来说，弹性契约产生的收益比刚性契约要低，尽管后者的成本更高。Fehr 等(2011)的实证检验也证明了这一结论，弹性契约与严格假设下的刚性契约相比具有很大优势，但是弹性契约会引起较大的事后收益的损失，而刚性契约则不会。[296]

公司相关利益主体之间会达成一系列“刚性契约”，这些刚性契约应该是相关利益主体通过“竞争性谈判”达成。只有通过竞争

谈判达成的刚性契约才能保障相关缔约人的利益,成为公司相关利益主体行为的“参照点”,有效降低公司中相关利益主体之间的利益冲突,提高公司治理效率。因此,完善市场竞争对于提高公司治理效率至关重要。公司治理外部机制中,职业经理人(包括董事、监事和其他高级管理人员)市场、资本市场(尤其是控制权市场)的建立与完善对于提高公司治理效率至关重要。

6.1.2.1 培育和发展职业经理人市场

随着企业管理工作日趋专业化、技术化,非经专门的学习和实践的锻造,一般人往往不能胜任。于是,职业经理人出现了。高素质的经理人能为企业提供可资利用的智力资源和专业技能,使企业的科学决策和规范管理在人员素质上获得保证。在英美等西方国家,经理市场高度发达,“猎头公司”异常活跃,经理人以其个人素质、业绩表现来获得相应的市场知名度和劳动报酬。我国企业经理人与企业管理特征主要表现在两个方面:一方面,在我国,由于缺乏广阔、成熟的经理市场,我国企业经理层人员素质偏低,风险意识不强,即使经营能力低下或企业绩效不佳,也不容易将其淘汰。我国企业内部“一言堂”“内部人控制”的势头难以扼制也与之有关;另一方面,在我国大部分企业中,企业管理的集权程度较高,特别在家族企业中存在着“家长式”管理,高层管理人员对于企业的决策与经营管理影响很大,他们甚至常常干预企业非常具体的管理行为,越权、越级显现普遍,这种现象的存在与经理人员素质、经理人市场不健全密切相关。

从控股股东与最终控制人的性质来看,我国目前存在着两种特有的治理模式:政府主导的行政型治理模式和家族主导的家族型治理模式。在行政型治理模式下,经理人的任命,特别是董事长和总经理等关键职位人员,政府往往直接任命,政府干预程度较深。即使形式上也是通过股东大会选举和产生,但是由于具有政府背景的大股东的绝对控制地位，经理人的任命不是通过股东在经理人市场上通过公开选拔与公平竞争进行，实质上其所提名经理人的人选一般都会在股东大会上通过任命。在家族型治理模式下，公司董事长和总经理等关键管理职位的人员通常是公司创始人，其他管理职位的人员也经常是公司创始人的家庭成员或者具有亲密的血缘关系。之所以任命大量家族成员作为公司管理人员，可能有两个方面的原因：一是对家族成员以外的职业经理人不信任；二是担心家族丧失对公司的实际控制权。经理人市场不健全、不成熟是造成以上问题的根源。

培育和发展职业经理人市场主要从以下三个方面入手：一是改变具有政府背景的行政型治理模式。政府不再直接任命或者干预公司董事长和总经理，降低政府干预程度。公司管理人员任命，特别是关键职位的管理人员任命，引入市场竞争机制，从经理人市场公开、公平选拔、竞争上岗。这对于改善我国公司治理，提高公司治理效率非常关键。二是健全和完善的经理人市场，实现对职业经理人能力、诚信与职业道德等方面素质的鉴别与评价，使得控股股东和实际控制人能够在经理人市场上寻找到能力素质满足公司需求，诚信道德水平高、可以信任的职业经理人。三是建立职业经理人自律自治组织，成立“职业经理人协会”，逐步形成职业经理市场准入机制。首先要强调的是这种自律组织不能简单地由政府组间，成为“半官方组织”，政府监管部门可以是成立这种组织的推动者，但是自律组织的组建和运行必须独立于政府，从形式上和实质上均独立于政府。另外，职业经理人协会也不必是唯一的，可以允许出现多个民间自治组织，这样不同职业经理人协会之间会形成竞争，“优胜劣汰”，诚信度高、社会声誉好的协会组织就会发展壮大，成为职业经理人自律自治的强有力者，督促其会员更好地履行职责。

独立董事在公司治理中发挥着重要作用，独立董事市场是职业经理人市场的一个重要组成部分，因此建立我国的独立董事市场是培育和完善职业经理人市场的一个重要方面。独立董事能够牵制“内部人”，对控股股东与最终控制人形成制约，有利于打破公司“行政型治理”和“家族型治理”的固有模式，是形成新的监督制衡机制的重要力量。为了使独立董事在公司治理中发挥期望的作用，需要建立一个独立董事市场。一方面，公司可以通过市场机制找到满意的独立董事；另一方面，独立董事可以通过市场机制找到满意的东家。建立独立董事市场关键在于建立有效的独立董事信用评估体系，增强独立董事的市场透明度，以及建立独立董事退出机制。主要从以下几个方面入手：第一要建立有效的独立董事信用评估与惩罚机制。为了维护其声誉和从业资格，独立董事就必须加强自律，避免违法违规或失职行为的发生；第二应该增强独立董事的市场透明度，通过规范的平台客观、详细、动态的披露独立董事的相关信息；第三要建立独立董事退出机制。独立董事的退出包括：到期退出、强制退出和市场选择退出。

随着公司间的竞争日趋全球化和激烈化，市场对董事决策能力、控制能力、监事的监督审查能力也提出了更高的要求，董事、监事一职的职业化、市场化、社会化也是必然的发展趋势。我们在培养经理人市场的同时，也应注意董事市场、监事市场的培育与发展，为公司源源不断地输送高质量的“职业治理人”。

6.1.2.2 完善资本市场，培育控制权争夺市场

控制权是指因占有一个公司绝对或相对多数的股份而获得对该公司的主导性支配权，控制权的争夺通常是通过兼并收购活动展开的。通过并购活动公司可以达到吸纳目标公司的优势资源、进入新的产业领域、扩大市场份额等目的。并购不但能使企业吐故纳新、企业的价值得到提升，还能加速资源流动、优化产业结构。可以说，并购是企业生存发展的基本手段，是市场经济健康发展的

表现。收购方在自由的、流通的资本市场上购得大量有表决权的股票,获得对另一个公司的支配地位,这一过程也可看作是公司控制权的运动过程。控制权转移对公司治理的影响不仅表现在股权结构的改变上,更重要的是,一旦公司被新股东接管,公司的管理层(尤其是高层管理人员)通常要发生大面积的人事更迭、"改朝换代"。因有来自资本市场的巨大压力,管理人员必须尽职尽责、倾尽全力地为提高公司业绩、增加股东回报而工作。否则,一旦出现效益滑坡,股东就可能"用脚投票",自己被潜在的竞争者取代。可见,只有一个自由、开放、有效率的资本市场才能培育出高度激烈的控制权市场。

完善的控制权市场是对家族型公司治理缺陷的弥补。家族企业虽然和其他企业一样,都是一个营利组织,但是家族成员之间的复杂关系会渗透到公司决策与经营管理活动中,使得家族成员在家族企业中往往存在复杂的利益关系,尤其是我国家族企业在创立过程中家族成员间股权关系不清晰,这就导致家族成员大量机会主义行为的存在。完善的控制权市场会使得家族企业(尤其是上市公司)更加关注企业绩效,关注股东利益和公司市场价值的提高,避免家族企业在控制权市场被收购而丧失家族控制地位,从而减少家族成员的机会主义行为,提高公司治理效率。

作为资本市场的组成部分,控制权市场必然受到政府的监管。目前,我国政府监管部门在监管方式上,存在着较为严重的错位、缺位,监管部门在监管方式的选择上亟待转变。"错位"是指监管部门参与具体市场行为,把本来应该由市场调节的事务变成了行政命令,造成过度监管,使得监管部门常常为市场主体行为"背书"(例如新股发行的审核);"缺位"是指本该由监管部门管理的事务,未能有效发挥监管作用或者监管缺失,造成监管不足。在市场经济条件下,政府监管部门应着重于市场竞争机制、公司治理机制等方面法律法规的建立、完善与执行,为市场主体之间的竞争行为制定“博弈规则”，并能够使之得到有效运行，使监管部门在资本市场、公司治理等方面处于“超然、独立”地位。在这方面，我国监管部门还需要进一步改革，特别是监管体系与制度的顶层设计需要重新设计。

6.1.3 建立有效的再谈判机制

企业的外界状态是事后“可观察但不可验证”的，相关利益主体不能（至少不能直接地）依赖于状态不确定契约（不完全契约）。然而，事后可观察性表明交易各方能获得非正式、状态不确定协议。严格的经济学方法认为这种非正式协议是空谈，而不完全契约理论则持不同的观点。契约作为参照点意味着事后执行依赖于事前预期。一个最优契约是刚性与弹性契约之间的平衡。如果缔约方能采用非正式协议来“管理”预期，这些协议可能产生重要的结果，交易各方能通过把弹性契约融入非正式协议而对参照点达成一致。这种强化的弹性契约不仅保证了交易，而且也避免了契约的无效率（Hart 和 Moore，2008）。[295] Maskin 和 Tirole（1999）认为，如果代理人难以描述实际发生的偶然事件，他们可以仅就可能发生的结果签订事前具体化条款，当外部条件成熟时，他们可以进一步签订具体细节。[299] Kunimoto（2010）发现，如果在任何一个阶段存在信息不对称，那么不可描述性就很重要。[300] Fehr 等（2011）证明了缔约方签订契约后，进行事后再谈判的重要性。他们假设买卖双方有一个事前刚性契约，如果事后证明卖方成本比固定价格更高，那么没有再谈判，自愿交易就意味着卖方退出，实现契约外的选择权。刚性契约可能达到通过一致预期和避免事后无效的最佳状态。但是再谈判提出了很多潜在的问题：第一，即使在上面所述的状态下，再谈判之后交易怎么获益不清楚；第二，再谈判能使初始契约下可行交易的状态复杂化。缔约方可能寄希望于契约外的收益，为了获得收益的更大份额发起再谈判。[296] Fehr

等(2011)提出了相当极端地再谈判形式，这种情形允许买方单方面地以一个新契约替代现有契约，由于卖方没有否决权，这实际上接近于律师所称的“抵赖”行为。尽管契约参照点总是可行的，但是当契约内的交易可行时，交易各方似乎并不对契约外的产出收益抱有希望。尤其是刚性契约下，买方会决定坚持状态有利下的协议价格，卖方似乎接受竞争谈判的固定价格作为参照点，只要价格允许交易进行，就不会认为有权要求再谈判以提升价格。当买方能单方面变更契约，最终契约的选择是在可能产出结果之外的结构进行决策。实际上契约起着突出的参照点作用，无论再谈判有多困难或者成本多高。[301]再谈判机会不意味着契约参照点是不相关的。在不利状态下，再谈判的可能性增加了刚性契约的吸引力，再谈判允许买方将刚性契约转换成弹性契约，允许卖方提高价格以补偿卖方的成本。当能使得刚性契约缔约方共同受益的再谈判引发对卖方的某些减让活动时，来自交易的收益仍然可观。与没有再谈判机会相比，存在再谈判机会使选择刚性契约的买方能设法实现更高利益。

根据契约理论，在公司治理中，相关利益主体之间达成“非正式协议”、进行“再谈判”是提高公司治理效率的重要措施。这些非正式协议往往不能在“刚性契约”中得到体现，而是依赖于相关利益主体之间的“再谈判”。现阶段，我国上市公司相关利益主体之间的“再谈判”机制尚不完善，在公司治理机制中股东(尤其是大股东)在相关利益主体之间达成各个“刚性契约”中占有优势地位，这些契约未能有效地保护其他利益主体的利益，也未能建立有效的再谈机制。这些机制的建立，一方面需要其他相关利益主体积极参与公司治理，在缔结公司内部的各种“刚性契约”(公司章程、董事会议事规则等)的过程中积极并保护主张自身利益，建立有效的再谈判机制；另一方面需要公司监管部门在公司外部的“刚性契约”(公司法、证券法等各种法规、制度)中对公司相关利益主体之间的再谈判机制做出强制性规定,一是明确各利益主体之间再谈判的条件、方式等,二是当外部环境发生变化时,能够及时修改相关法律法规,保护相关利益主体的利益,尤其是在公司治理中处于弱势的利益主体(如:中小股东)。

6.1.4 改善公司治理外部环境

所谓外部治理环境是指能够对公司治理产生影响的外部制度和环境,由于政治、经济文化以及历史等原因,不同国家的主导公司治理模式不尽相同。一国外部市场的发育程度、市场特点、法律规制的思路、具体制度的价值取向都是影响其公司治理模式形成的要素。如英美的外部监控模式、德日的内部监控模式、东南亚的家族监控模式的形成都与其各自不同的外部环境有关。

6.1.4.1 强化法律监管和社会舆论监督,提高利益侵害成本

已有的研究表明,控股股东与最终控制人之所以会产生侵害中小股东利益,降低公司治理效率的行为,其根本原因在于其可以获得"侵害收益"。通过强化法律监管和社会舆论监督,提高其利益侵害成本,使得控股股东与最终控制人的侵害行为无利可图,则公司治理效率必然得到提高。

提高控股股东与最终控制人的利益侵害成本,包括两个方面:一是利益侵害行为给控股股东与最终控制人带来的经济利益损失,包括隐藏侵害行为成本、经济处罚等;二是利益侵害行为给控股股东与最终控制人带来的非经济利益损失,包括声誉降低、社会谴责,甚至法律惩罚等。在我国,之所以控股股东与最终控制人利益侵害行为较为严重,其中一个重要的原因就是侵害成本较低。造成这种局面的原因主要有以下几个方面:一是我国法治社会的不完善。长期以来,我国的文化传统中比较重视"人治",法律法规不甚完善,即使已经颁布施行的法律法规执行力度也不大,特别是

对于证券市场中的违法行为更是如此。例如，在广为人知的上市公司治理丑闻“银广夏事件”中，银川市中级人民法院曾对于股民起诉银广夏的案件给出了“暂不受理”的裁决。这就直接导致法律法规对于控股股东与最终控制人利益侵害行为的威慑能力降低，法律的权威受到挑战，其根源不仅在于政府的过度干预，而且也是我国社会公众缺乏尊重和遵守制度、规范的现实反映。制度规范形同虚设，一旦发生违反制度规范的行为，人们也不会按照制度规范对这种行为进行追究，而是寻求制度以外的解决方法(找关系，或者采取其他非法行为)，造成恶性循环。这不仅不利于提高公司治理效率，也对整个社会会造成危害。二是对控股股东与最终控制人利益侵害行为经济与刑法处罚力度较低，没有形成对侵害行为的威慑。处罚力度低，客观上会造成侵害行为带来的利益大于侵害行为的成本，这样即使有法律法规和监管制度，但是侵害行为依然会发生。三是中小股东、控股股东与最终控制人之间严重的信息不对称。作为外部股东的中小股东，无法及时获得关于公司运行的真实、充足的信息，就不能对侵害行为进行监督和制止。

强化法律监管和社会舆论监督，提高利益侵害成本是提高我国公司治理效率的重要手段，具体措施有：一是完善法制体系，建立法治社会。既要建立对控股股东与最终控制人行为进行规范的法律法规，也要强化这些法律法规的实施，树立法律法规的权威性和威慑力。二是加大处罚力度。加大经济处罚和刑法处罚力度，可以借鉴发达国家和地区的经验。在发达国家和地区，对于控股股东与最终控制人违反法律法规的侵害行为常常会使他们“倾家荡产、身败名裂”，具有很强的威慑力。三是强化信息披露和社会媒体监督，降低中小股东、控股股东与最终控制人之间信息不对称的程度。一方面完善上市公司信息披露制度，使得中小股东对公司运行信息能够及时获得其决策需要的信息，信息充足、真实，为中小股东积极参与公司治理提供条件；另一方面强化互联网等媒体的监督作用(特别是社会舆论监督作用),使得媒体成为上市公司相关利益主体参与公司治理的重要信息来源和场所。在强化媒体监督作用的同时,也需要对媒体的行为进行适当监督,避免媒体为某一利益群体所操纵,对公司信息披露不实或者有选择的披露有利于某一利益主体的行为,而损害其他利益主体利益。

6.1.4.2 利益相关者参与公司活动的监督管理

利益相关者共同治理的公司治理机制日益被各国的公司治理实践所接受,资本所有权至上的股东主义日益被相关利益最大化的管理理念所替代。那么,在公司内部治理监督机制的设计上,除了代表股东利益的股东大会选择代表进入监事会之外,银行作为主要的债权人、公司雇员作为企业的主要劳动者都应该参与公司活动的监督管理。

理论研究和实证分析也已经证明债权人是公司治理的一个重要参与主体,特别是银行。在任何资本市场,银行都是公司最主要的债权人,德日公司治理模式的成功已经证明了银行作为债权人参与公司治理的成功。作为金融机构,银行具有强大的信息搜集和处理能力,而且能够根据公开信息对公司运行情况做出专业判断,通过公司签订债权债务契约,对公司决策与公司经营管理活动做出约定,实现对控股股东与最终控制人行为的监控,起到参与公司治理的作用。但是在我国,金融体制与金融机构商业化改革正在进行,按照我国加入 WTO 的约定,到 2015 年金融服务行业将对外资开放,这将有利于银行等债权人参与到公司治理中,增强银行等债权人在公司治理中的作用,提高公司治理效率。

公司雇员是公司相关利益主体的重要组成部分。在我国,职工代表大会制度、工会等制度曾经是企业员工参与公司经营管理活动中的主要形式,但是随着市场经济体制的建立,股东所有权及其利益保护成为第一位,这些制度已经无法实现对公司管理层的有效监督,更无法直接参与公司治理。因此建立适应市场经济制度的公司员工参与公司治理制度非常重要。结合我国实际,参照发达国家的经验,可以从三个方面建立公司雇员参与公司治理的机制:一是在董事会中设立“职工董事”,在监事会中设立“职工监事”,他们代表公司雇员利益,参与公司决策和公司经营管理活动,实现“共同治理”;二是建立员工激励制度(例如员工持股计划),降低股东与公司雇员的利益冲突,鼓励员工积极参与公司治理;三是在上市公司中组建工会组织,强化工会对公司员工权益的保护。工会是虽然在我国企业中普遍设置,但是其对公司经营管理活动中侵害公司员工利益的行为监督不力,其根源主要在于工会负责人和工会组织的建立常常由上级机关指派,并不是完全由员工民主选举产生,即使形式上通过了职工大会的选举,但是实质上上级管理机关仍然具有很大的决定权。这种状况亟待改变。工会应该成为公司员工的自治组织,为公司员工的利益服务。这样工会就会成为公司治理的一个重要组织,有利于提高公司治理效率。

6.2　研究结论

本研究主要以我国上市公司有关资料为基础,研究我国企业控股股东、最终控制人与公司治理效率之间的关系。通过规范的理论分析与实证研究,我们分析了我国上市公司控股股东与最终控制人的行为特征,发现控股股东与最终控制人影响上市公司治理效率的机理,为解释我国证券市场上的上市公司频频违规、公司治理效率低下的现象提出了理论依据,为有效治理上市公司违规行为、提高公司治理效率提出了政策建议。

通过研究,我们得到以下结论。

① 明晰了公司治理效率的理论内涵,提出公司治理效率的多属性特征。

我们认为公司治理效率的理论内涵包括以下几个方面：一是公司治理效率作为一种制度效率，是指公司治理制度安排的有效性，公司治理机制的有效性；二是公司治理效率高低，归根结底取决于存在于公司之中的各类代理问题和利益冲突的解决程度，其外在表现则为公司业绩与公司价值的可持续增长；三是公司治理效率可以采用治理成本、治理收益来衡量，最优的公司治理是治理成本最小化，或者治理收益最大化。但是不同利益主体付出的治理成本和获得的治理收益表现不同，这给直接衡量公司治理效率带来了困难；四是公司治理效率依赖于公司治理结构、公司内外部环境等，不存在效率最优的公司治理模式。

公司治理效率反映的是公司治理机制或公司治理结构的有效性，也就是公司治理作为一种制度安排，能在多大程度上解决代理问题。不同的利益相关者，从各自不同的立场与利益出发，或者根据不同公司治理理论，对代理问题有不同的认识，公司治理目标不同，衡量公司治理有效性的指标必然是多样化的。不存在单一的效率测度指标，任何指标只是效率的某一个方面的表现，而这些不同的指标"不具有叠加性"。因此，作为反映公司治理有效性的公司治理效率具有多重性特征。

② 将 S-O-R 模式引入了公司治理研究。

本书以当代心理学的行为主义学派关于人类行为基本模式（S-O-R 模式）的理论为依据，提出控股股东与最终控制人的行为是其需要和欲望所决定的，控股股东与最终控制人的需要和欲望受其所处环境和个人因素的影响。控股股东与最终控制人行为取决于他们自身的个体特征及其所处的环境。不同的控股股东与最终控制人，其个体特征具有很强的个性而且千变万化。在不同的国家和地区，在同一国家和地区的不同阶段，控股股东与最终控制人所处的环境都存在明显差异，这就会使得他们的需求不同，进而导致行为不同。除了环境差异以外，控股股东与最终控制人对认知环境、适应环境的能力也存在差异，这会导致即使在相同的环境中，不同的控股股东与最终控制人也可能采取不同的行动。控股股东与最终控制人的行为是在上市公司特定的内外部环境下发生的，其行为深受个体特征与公司内外部复杂环境因素的影响。控股股东与最终控制人的行为是嵌入到上市公司经营活动中的，其影响因素有市场环境、政治环境、资本市场环境、社会与法律环境、公司内部条件与环境等。由于个体差异和外在环境的差异，不同控股股东与最终控制人的需求不同，其行为表现各异。

基于控股股东与最终控制人行为的基本模式，我们分析了公司治理环境与结构对公司治理效率的影响，控股股东与最终控制人的行为对公司治理效率的影响。

③ 验证了控股股东与最终控制人行为对公司治理效率的影响。

我们从多个角度验证了控股股东与最终控制人行为对公司治理效率的影响。本研究发现，衡量公司治理效率的指标不同，控股股东与最终控制人行为对公司治理效率的影响不同。因此，公司治理效率是个复杂的概念，也难以具体衡量。不同的利益相关者，从各自的利益出发，会得出不同的结论。控股股东与最终控制人行为对公司治理效率的影响有消极的作用，但是其积极作用也客观存在。

解决大股东与中小股东之间的代理问题，重要的是改善外部治理环境，加大大股东对中小股东利益的侵害成本。另外，加强利益相关者参与公司治理的能力和可能性，对大股东形成制衡。

6.3　研究的不足之处

限于时间、精力和能力，以及一些客观条件的限制，本研究的领域还存在一些可继续进行深入研究和改善的地方。

① 本研究未能具体刻画控股股东与最终控制人行为的形成机制。尽管在理论上分析了控股股东与最终控制人行为的形成机制,但是还仅限于初步的理论探讨,未能从实证上具体刻画这种形成机制并加以检验。

② 本研究在检验公司治理结构、控股股东与最终控制人行为对公司治理效率的影响时,仅从检验模型可靠性的角度进行了初步研究,还可以考虑引入更多的控制变量和解释变量,以丰富模型的解释力度。

③ 本研究假定所选指标与公司治理效率存在着或正或负的相关关系,实际上,这种推断在一定范围内可能是成立的,超出了相关范围,可能会存在偏差。

6.4 研究展望

关于公司治理效率,未来至少还有以下几方面问题可继续研究:

① 如何衡量公司治理效率,仍然是一个值得研究的问题。现有的公司治理评价机构也提出了很多不同的公司治理评价系统,这些评价系统的共同特征是:以不同指标得分的加权平均值作为公司治理好坏的判断标准。而现实是,利益相关者治理理论日益深得人心,对不同的利益相关者,应该给出不同的公司治理评价指标系统。

② 大股东的普遍存在,使得公司治理的研究,特别是对控股股东与最终控制人行为的研究将会越来越重要。有效的监管控股股东与最终控制人行为将成为公司治理的重心。而影响监管的前提则是必须弄清楚行为发生的机制。因此控股股东与最终控制人的行为发生机制将是未来需要进一步研究,这一研究也将突破公司治理原有的理论体系,需要引入社会学、心理学等学科的理论。

③ 如何提高对上市公司及其股东、高级管理人员监管的有效性，需要进一步研究。在监管方面，我国已经出台了相当多的法律、法规和其他措施，但是收效甚微。如何提高而我国证券市场监管的有效性，提高公司治理效率，仍需进一步研究。

参考文献

[1] 亚当·斯密. 国富论[M]. 郭大力,王亚南,译. 上海:上海三联书店,2009.

[2] Berle A, Means B. The modern corporation and private property[M]. New York:Macmillom,1932.

[3] Jensen M C,Meckling W H. Theory of the firm:managerial behavior,agency costs and ownership structure[J]. Journal of Financial Economics,1976,3(4):305-360.

[4] Williamson O E. Markets and hierarchies: analysis and antitrust implications: a study in the economics of internal organization[M]. New York :Free Press,1975.

[5] Philip P C, Steven L. Corporate governance: a literature review [R] . Morristown, USA : Financial Executives Research Foundation,1988.

[6] 费方域. 企业的产权分析[M]. 上海:上海三联书店,上海人民出版社,1998.

[7] Cadbury Report. The committee on the financial aspects of Corporate Governance and Gee and Co. Ltd. 1992.

[8] Andrew H,Goo S H. Cases and materials on mompany law [M]. London:Blackstone Press,1994.

[9] 柯林·梅耶. 市场经济和过渡经济的企业督导机制[M] //谭安杰. 改革中的企业督导机制. 北京:中国经济出版社,1997.

[10] 青木昌彦. 中国的公司治理结构改革和融资改革[M] //青木

昌彦,钱颖一.转轨经济中的公司治理结构.北京:中国经济出版社,1995.
[11] 林毅夫,蔡昉,李周.充分信息与国有企业改革[M].上海:上海三联书店,1997.
[12] 刘芍佳,李骥.超产权论与企业绩效[J].经济研究,1998(8):3-12.
[13] 李维安.公司治理[M].天津:南开大学出版社,2001.
[14] 吴敬琏.现代公司与企业改革[M].天津:天津人民出版社,1994.
[15] 刘伟.公司(企业)法人产权与治理结构[J].改革,1994(4):50-59.
[16] Hart O. Corporate governance: some theory and implications[J]. The Economic Journal, 1995 ,105(430):678-689.
[17] Shleifer A, Vishny R. A survey of corporate governance[J]. Journal of Finance,1997,52(2):737-783.
[18] 张维迎.产权、激励与公司治理[M].北京:经济科学出版社,2005.
[19] 中国证券监督管理委员会.证券市场月报2017年9月统计数据[EB/OL].(2017-11-06)[2017-03-16]. http://www.csrc.gov.cn/pub/zjhpublic/G00306204/zqscyb/201711/t20171106_326538.htm.
[20] 中国证券监督管理委员会.证券市场月报2016年12月统计数据[EB/OL].(2017-03-08)[2017-03-16]. http://www.csrc.gov.cn/pub/zjhpublic/G00306204/zqscyb/201703/t20170308_313308.htm.
[21] 中国国家统计局.2016年度数据[DB/OL].[2017-11-18]. http://data.stats.gov.cn/easyquery.htm? cn=C01.

[22] 高山.证监会13年行政处罚千名违规者[N].上海证券报,2005-9-7:A1.

[23] 王军伟,陆桂琴.公司治理效率述评及其引申[J].改革,2011(5):105-109.

[24] Wang J,Lui G Q,He P. Study on the relationship between agency costs and governance mechanisms: evidence from China's A-share Listed Companies[C] //Proceeding of The Sixth International Symposium on Corporate Governance. Dalian,2011.

[25] Tirole J. Corporate Governance. Econometrica,2001,69(1):1-35.

[26] Freeman R E. Strategic management: a stakeholder approach[M]. Cambridge in UK: Cambridge University Press(第1版),1984(2010重印).

[27] 郑红亮.公司治理理论与中国国有企业改革[M].经济研究,1998(10):20-27.

[28] 宋冬林,徐怀礼.治理效率:一个深化公司治理的新视角[J].当代经济研究,2002(12):8-14..

[29] 刘汉民.所有制、制度环境与公司治理效率[J].经济研究,2002(6):63-68.

[30] 曹细玉,覃艳华.公司治理结构绩效评价指标体系研究[J].生产力研究,2002(6):254-255.

[31] 姚伟,黄卓,郭磊.公司治理理论前沿综述[J].经济研究,2003(5):83-90.

[32] 周清杰.公司治理效率:一个基于制度经济学的分析[J].财经科学,2003(3):57-62.

[33] 严若森.公司治理成本的构成与公司治理效率的最优化研究[J].会计研究,2005(2):59-63.

[34] 陈晓蔚. 股权分置改革与公司治理效率[J]. 世界经济情况，2006(18):25-29.

[35] 陈赤平. 公司治理的契约分析——基于企业合作效率的研究[M]. 北京:中国经济出版社,2006.

[36] 范如国,张明山. 制度演化的复杂性特征与我国公司治理的效率分析[J]. 科技法制与政策研究,2006(12):20-23.

[37] 桑士俊,吴德胜,吕斐适. 公司治理机制与公司治理效率------成本的分析[J]. 会计研究,2007(6):83-85.

[38] 王德武,秦佳梅,张大华. 公司治理有效性的实证研究[J]. 沈阳工业大学学报(社会科学版). 2008(4):353-357.

[39] Willamson O. The economic institute of capitalism[M]. New York:Free Press,1985.

[40] Henry Hansmann. The ownership of enterprise[M]. Cambridge,MA:Harvard University Press,1996.

[41] Dietl H. Capital markets and corporate governance in Japan,Germany and The United States[M]. London and New York:Routledge,1998.

[42] Rüland, Jürgen. The European Union as an inter-and transregional actor: lessons for global governance from Europe's relations with Asia[M]//Scientific examination of an ancient Chinese document as a prelude to decipherment,translation and historical assessment——The Ch'u silk manuscript. Dept. of Far Eastern History. Research School of Pacific Studies,Institute of Advanced Studies, Canberra, Australia: Australian National University,2002.

[43] Wolfgang W. The cost of governance: a research agenda [R]. German Working Papers in Law and Economics,2003.

[44] 李维安，武立东．企业集团的公司治理-------规模起点、治理边界及子公司治理[J]．南开管理评论，1999(4)：4-8.
[45] 张维迎．所有制、治理结构与委托代理关系[J]．经济研究，1996(9)：1-10.
[46] 朱羿锟．公司控制权配置论：制度与效率分析[M]．北京：经济管理出版社：2001.
[47] 孙国强．网络组织的治理成本：波特模型的扩展[J]．山西财经大学学报，2003(2)：66-69.
[48] 郑浩，王欣．关于公司治理成本问题的思考[J]．商业时代，2008(22)：77-78.
[49] 刘红霞，刘敏．家族企业公司治理成本研究[J]．财经理论与实践(双月刊)，2006(5)：101-106.
[50] Volpin P F. Governance with poor investor protection: evidence from top executive turnover in Italy[J]. Journal of Financial Economics, 2002, 64(1): 61-90.
[51] 罗进．中国上市公司治理效率评价[J]．武汉工业学院学报，2003(3)：77-80.
[52] 唐清泉．不同文化背景下的公司治理效率[J]．中山大学学报(社会科学版)，2004(2)：46-51.
[53] 封文丽，田平凤．上市公司治理模式的效率比较与变革[J]．经济与管理，2005(7)：32-37.
[54] 邵国良，王满四．股权人的公司治理机制及其效率的理论分析[J]．系统工程，2004(12)：31-33.
[55] 徐传谌，张东明，杨洁．大型国有集团公司治理效率指标的选择与构造[J]．经济与管理研究，2008(1)：15-20.
[56] 王化成，黄磊，杨景岩．公司治理效率及其评价研究[J]．会计研究，2008(4)：105-110.
[57] Christian S. The corporate governance scorecard: a tool for

the implementation of corporate governance[J]. Corporate Governance: an International Review, 2004, 12(1): 11-15.

[58] Lloyd W P, Jahera J S, Goldstein S J. The relationship betweenreturns, ownership structure, and market value[J]. Journal of Financial Research, 1986, 9(2): 171-177.

[59] Leech D, Leahy J. Ownership structure, control type classifications and the performance of Large British Companies [J]. The Economic Journal, 1991, 101 (4): 1418-1437.

[60] Donaldson L, Davis J H. Stewardship theory or agency theory: CEO governance and shareholder returns [J]. Australian Journal of Management, 1991, 16(1): 49-64.

[61] Morck R, Shleifer A, Vishny R. Management ownership and market valuation: An empirical analysis [J]. Journal of Financial Economics, 1988, 20(1-2): 293-315.

[62] Kaplan S. The effects of management buyouts on operating performance and value[J]. Journal of financial economics, 1989, 24(2): 217-254.

[63] Jensen M C. The modern industrial revolution, exit, and the failure of internal control systems[J]. Journal of Finance, 1993, 48(3): 831-880.

[64] Yermack D. Higher market valuation of companies with a small board of directors [J]. Journal of Financial Economics, 1996, 40 (2): 185-211.

[65] Nikos V. Board meeting frequency and firm performance [J]. Journal of Financial Economics. 1999, 53(1): 113-142.

[66] Beiner S, Drobetz W, Schmid F, et al. An integrated framework of corporate governance and firm[J] Valuation-

Evidence from Switzerland. European Financial Management,2006,12(2)s:249-283.

[67] Gompers P A, Ishii J L, Metrick A. Corporate governance and equity price[J]. Quarterly Journal of Economics ,2003, 118(1):107-155.

[68] Black B S, Jang H, Kim W. Does corporate governance affect firm value-Evidence from Korea[J]. Journal of Law, Economics, and Organization,2006,22(2):366-413.

[69] Hiraki T, Ito A. Investor biases in Japan: Another pathology of Keiretsu[J]. Pacific-Basin Finance Journal, 2009,17 (1):100-124.

[70] Klapper L F, Love I. Corporate governance, investor protection and performance in emerging markets[J]. Journal of Corporate Finance,2004,10(5):703-728.

[71] Kim E H, Durnev A. To steal or not to steal: firm attributes, legal environment and valuation[J]. Journal of Finance,2005,60(3):1461-1493.

[72] Laeven L, Chhaochharia V. Corporate governance norms and practices[J]. Journal of Financial Intermediation,2009, 18(3):405-431.

[73] 孙永祥,黄祖辉.上市公司的股权结构与绩效[J].经济研究, 1999(12):23-30.

[74] 许小年,王燕.中国上市公司的所有所有制结构与公司治理[M] //梁能,公司治理结构:中国的实践与美国的经验,北京:中国人民大学出版社,2000.

[75] Tian, L H. Government shareholding and the value of China's modern firms [R]. London Business School, William Davidson Institute Working Papers Series,2002.

[76] Bai CH'EN,Liu Q,Lu J Z,et al. Corporate governance and firm valuations in China [J]. Journal of Comparative Economics,2004,32(4):599-616.

[77] 潘福祥. 公司治理与企业价值的实证研究[J]. 中国工业经济,2004(4):107-112.

[78] 白重恩. 中国上市公司治理结构的实证研究[J]. 经济研究,2005(2):81-91.

[79] 李维安,张国萍. 经理层治理评价指数与相关绩效的实证研究[J]. 经济研究,2005(11):87-98.

[80] 李维安,唐跃军. 公司治理评价、治理指数与公司业绩[J]. 中国工业经济,2006(4):98-107.

[81] 李维安. 中国上市公司治理状况评价研究[J]. 管理世界,2010(1):142-151.

[82] 裴武威. 公司治理评价体系研究[J]. 证券市场导报,2001(9):4-15.

[83] 吴淑琨. 股权结构与公司绩效的U形关系研究[J]. 中国工业经济,2002(1):80-87.

[84] Eisenberg M A. The structure of the corporation: a legal analysis [R]. Boston and Toronto: Little, Brown and Company,1976:183-186.

[85] Demsetz H. The structure of ownership and the theory of the firm[J]. Journal of Law and Economics,1983,26(2):375-390.

[86] Demsetz H,Lehn K. The structure of corporate ownership: causes and consequences[J]. Journal of Political Economy,1985,93(6):1155-1177.

[87] Shleifer A, Vishny R. Large shareholders and corporate control[J]. Journal of Political Economy, 1986, 94 (3):

461-488.

[88] La Porta R, Lopez-de-Silanes F, Shleifer A. Corporate ownership around the world[J]. Journal of Finance,1999, 54(2):471-517.

[89] Claessens S, Djankov S, Lang L H P. The separation of ownership and control in East Asian Corporations[J]. Journal of Financial Economics,2000,58(1-2):81-112.

[90] Faccio M,Lang L H P. The ultimate ownership of Western European corporations[J]. Journal of Financial Economics, 2002,65(3):365-395.

[91] Cronqvist H, Nilsson M. Agency costs of controlling minority shareholders [J]. Journal of Financial & Quantitative Analysis,2003,38(4):95-124.

[92] Holderness C. A survey of blockholders and corporate control[J]. Economic Policy Review,2003,9(1):51-64.

[93] Faccio M, Lang L H P, Young L. Dividends and expropriation[J]. American Economic Review ,2001,91 (1):54-78.

[94] Dharwadkar R, George G, Brandes P. Privatization in emerging economies: an agency theory perspective[J]. Academy of Management Review,2000,25:650-669.

[95] La Porta R,Lopez-de-Silanes F,Shleifer A,et al. Law and finance[J]. Journal of Political Economy, 1998, 106: 1113-1155.

[96] Johnson S,La Porta R,Lopez-de-Silanes F,et al. Tunneling [J]. American Economic Review,2000,90:22-27.

[97] BaeK,Kang J,Kim J. Tunneling or value added? Evidence from mergers by Korean Business Groups[J]. The Journal

of Finance,2002,57:2695-2740.
[98] Claessens S,Djankov S,Fan J P H,et al. Disentangling the incentive and entrenchment effects of large shareholdings [J]. Journal of Finance,2002,57(6):2741-2771.
[99] Bertrand M, Mehta P, Mullainathan S. Ferreting out tunneling:an application to Indian business groups[J]. The Quarterly Journal of Economics,2002,117:121-148.
[100] Lemmon M L,Lins K V. Ownership structure,corporate governance,and firm value:evidence from the East Asian Financial Crisis [J]. Journal of Finance, 2003, 58: 1445-1468.
[101] Morck R, Yeung B, Yu W. The information content of stock markets: why do emerging markets have synchronous stock price movements? [J]. Journal of Financial Economics,2000,58:215-260.
[102] Wurgler J. Financial markets and the allocation of capital [J]. Journal of Financial Economics,2000,58:187-214.
[103] Modigliani F, Perotti E. Security markets versus bank finance: legal enforcement and investors protection [J]. International Reviews of Finance,2000,1(2):81-96.
[104] Chung CH N. Markets, culture and institutions: the emergence of large business groups in Taiwan[J]. Journal of Management Studies,2001,38(5):719-745.
[105] 唐宗明,蒋位.中国上市公司大股东侵害度实证分析[J].经济研究,2002(4):44-50.
[106] Jian M, Wong T J. Earnings management and tunneling through related party transactions:evidence from Chinese Corporate Groups [R]. Working Paper, Nanyang

Technological University,2003.
[107] Liu Q,Zhou L. Earnings management to tunnel:evidence from China's Listed Companies [J]. China Economic Quarterly,2004,3(2):437-456.
[108] 李增泉,孙铮,王志伟."掏空"与所有权安排[J].会计研究,2004(12):3-13.
[109] 贺建刚.大股东控制、利益输送与投资者保护——基于上市公司资产收购关联交易的实证研究[C] //公司财务研讨会论文集.上海:财经大学出版社,2004.
[110] Lee Ch W J,Xiao X. Tunneling dividends[C] // Annual Meeting,China International Conference in Finance,2004.
[111] 唐清泉,罗党论.现金股利与控股股东的利益输送行为研究[J].财贸研究,2006(1):92-97.
[112] Cheung Y L,Rau P R,Stouraitis A. Tunneling,propping, and expropriation: evidence from connected party transactions in Hong Kong [J]. Journal of Financial Economics,2006,82(2):343-386.
[113] La Porta R,Lopez-De-Silanes F,Shleifer A,et al. Investor protection and corporate valuation[J]. Journal of Finance, 2002,57(3):1147-1170.
[114] Bennedsen M, Wolfenzon D. The balance of power in closely held corporations [J]. Journal of Financial Economics,2000,58:113-139.
[115] Bae K H, Kang J K, Kim J M. Tunneling or value additions? Evidence from mergers by Korean Business Groups[J]. Journal of Finance ,2002,57(6):2695-2740.
[116] Leuz C,Nanda D,Wysocki P D. Earnings management and investor protection: an international comparison [J].

Journal of Financial Economics,2003,69(3):505-527.

[117] Gilson R J, Gordon J N. Controlling controlling shareholders[J]. University of Pennsylvania Law Review, 2003,152(2):785-843.

[118] 谭劲松,郑国坚. 大股东利益输送与企业透明度——以"青岛海尔"为例[R]. 中山大学管理学院工作论文,2004.

[119] 刘峰,贺建刚,魏明海. 控制权、业绩与利益输送——基于五粮液的案例研究[J]. 管理世界,2004(8):102-118.

[120] 张光荣,曾勇. 大股东的支撑行为与隧道行为——基于托普软件的案例研究[J]. 管理世界,2006(8):126-135.

[121] 余明桂,夏新平,邹振松. 控股股东与盈余管理:来自中国上市公司的经验证据[J]. 中大管理研究,2006(1):79-96.

[122] Jiang G H, Lee C M C, Yue H. Tunneling through intercorporate loans: the China experience[J]. Journal of Financial Economics,2010,98(1):1-20.

[123] Hanouna P, Sarin A, Shapiro A. Value of corporate control: some international evidences[R]. USC Marshall School of Business,Working Paper 2001,No. 01-4.

[124] Nenova T. The value of corporate voting rights and control: a cross-country analysis[J]. Journal of Financial Economics,2003,68:325-351.

[125] 施东晖. 转轨经济中的所有权与竞争:来自中国上市公司的经验证据[J]. 经济研究,2003(8):46-54.

[126] 叶康涛. 公司控制权的隐性收益—来自中国非流通股转让市场的研究[J]. 经济科学,2003(5):61-69.

[127] 黄少安,张岗. 中国上市公司股权融资偏好分析[J]. 经济研究,2005(11):12-27.

[128] 邹海峰. 公司治理与大股东利益侵占——桂林集琦药业股

份有限公司案例研究[J]. 商业研究,2006(6):151-156.

[129] Grossman S,Oliver H. One share-one vote and the market for corporate control[J]. Journal of Financial Economics, 1988,20(1):175-202.

[130] Harris M, Artur Raviv. Corporate governance: voting rights and majority rules [J]. Journal of Financial Economics,1988,20:203-235.

[131] Denis D K, McConnell J J. International corporate governance [J]. Journal of Financial and Quantitative Analysis,2003,38:1-36.

[132] Heitor V A,Daniel W. A theory of pyramidal ownership and family business groups[J]. The Journal of Finance, 2006,61:2637-2680.

[133] Johnson S,Boone P,Breach A,et al. Corporate governance in the Asian financial crisis: 1997-1998 [J]. Journal of Financial Economics,2000,58:141-186.

[134] 叶银华. 台湾公司治理的问题与改革之道[J]. 证券暨期货管理,2002,20(11):1-32.

[135] 刘峰,贺建刚. 股权结构与大股东利益输送实现方式的选择[J]. 中国会计评论,2004(2):56-64.

[136] 唐清泉,罗党论,王莉. 大股东的隧道挖掘与制衡力量——来自中国市场的经验证据[J]. 中国会计评论,2005,3(1):63-85.

[137] 王斌,何林渠. 控股股东性质差异与剥夺行为——基于中国资本市场的实证检验[J]. 经济与管理研究,2008(3):17-24.

[138] 同济大学—上海证券联合研究组. 我国上市公司股权制衡研究[R]. 上证联合研究计划第四期课题报告,2002.

[139] 万俊毅. 控股股东、实际控制权与小股东权益保护[J]. 当代经济科学,2005(6):10-16.

[140] 张晖,赵涛. 制约大股东侵害小股东利益的模式比较及启示[J]. 中州学刊,2005(2):65-69.

[141] Friedman E,Johnson S,Mitton T. Propping and tunneling [J]. Journal of Comparative Economics,2003,31:732-750.

[142] Polsiri P,Yupana W. Business groups in Thailand: before and after the East Asian Financial Crisis[C] // Center for Economic Institutions, Institute of Economic Research, Hitotsubashi University,2014.

[143] Riyanto Y E,Toolsema L A. Tunneling and propping: a justification for pyramidal ownership [J]. Journal of Banking and Finance,2008,32(10):2178-2187.

[144] 张伟. 公司治理与会计信息质量[J]. 北京机械工业学院学报(综合版),2005(4):70-73.

[145] 裴红卫,柯大钢. 大股东掏空行为的市场识别检验:来自沪深股市的经验证据[J]. 统计研究,2005(9):39-44.

[146] 李增泉,余谦,王晓坤. 掏空、支持与并购重组——来自我国上市公司的经验证据[J]. 经济研究,2005(1):95-104.

[147] 郑志刚. 新兴市场分散投资者投资"金字塔结构"公司的激励[J]. 经济研究,2005(4):87-96.

[148] 马忠,陈彦. 金字塔结构下最终控制人的盘踞效应与利益协同效应[J]. 中国软科学,2008(5):91-101.

[149] Aghion P,Bolton P. An incomplete contracts approach to financial contracting [J]. Review of Economic Studies, 1992,59:473-494.

[150] Bebchuk L A,Roe M J. A theory of path dependence in corporate governance and ownership [J]. Stanford Law

Review,1999,52:127-170.

[151] Barclay M,Holderness C G. Private benefits from control of public corporations[J]. Journal of Financial Economics, 1989,25:371-395.

[152] Coffee J C. Do norms matter? A cross-country examination of the private benefits of control[R]. Columbia Law and Economics Working Paper,2001,No. 183.

[153] Mueller D. The corporation: investment, mergers, and growth[M]. New York:Routledge,2003.

[154] Dyck A, Zingales L. Private benefits of control: an international comparison[J]. Journal of Finance,2004,59: 537-601.

[155] Morck R,Wolfenzon D,Yeung B. Corporate governance, economic entrenchment, and growth [J]. Journal of Economic Literature,2005,43(3):655-720.

[156] 洪功翔. 不同体制下企业经理人员控制权收益比较[J]. 经济问题,2001(6):34-36.

[157] 谭劲松. 控制权收益与股利政策[J]. 会计之友,2003 (12): 14-15.

[158] 刘少波. 控制权收益悖论与超控制权收益——对大股东侵害小股东利益的一个新的理论解释[J]. 经济研究,2007 (2):85-96.

[159] Reese W A, Weisbach M. Protection of minority shareholder interests,cross-listings in the United States, and subsequent equity offerings[J]. Journal of Financial Economics ,2002,66:65-104.

[160] Edwards J,Weichenrieder A. Ownership concentration and share valuation[J]. German Economic Review,2004,5(2):

143-171.
[161] 王鹏,周黎安.控股股东的控制权、所有权与公司绩效:基于中国上市公司的证据[J].金融研究,2006(2):88-98.
[162] Zingales L. Insider ownership and the decision to go public [J]. The Review of Economic Studies, 1995, 62(3): 425-448.
[163] Nicodano G, Sembenelli A. Private benefits, block transaction premiums and ownership structure [J]. International Review of Financial Analysis, 2004, 13(2): 227-244.
[164] Roosenboom P, Schramade W. The price of power: valuing the controlling position of owner-managers in French IPO firms[J]. Journal of Corporate Finance, 2006, 12(2): 270-295.
[165] 韩德宗,叶春华.控制权收益的理论与实证研究[J].统计研究,2004(2):42-46.
[166] 赵昌文,蒲自立,杨安华.中国上市公司控制权私有收益的度量及影响因素[J].中国工业经济,2004(6):100-106.
[167] 齐伟山,欧阳令南.我国上市公司控制权收益的实证研究[J].金融教学与研究,2004(6):41-43.
[168] 邓建平,曾勇.大股东控制和控制权私人利益研究[J].中国软科学,2004(10):50-58.
[169] Bai C, Liu Q, Song F M. Value of corporate control: evidence from China's distressed firms[R]. University of Hong Kong, Working Paper, 2002.
[170] 刘睿智,王向阳.我国上市公司控制权私有收益的规模研究[J].华中科技大学学报,2003(3):86-90.
[171] Morck R, Yeung B. Agency problem in large family

business groups [J]. Entrepreneurship: Theory and Practice,2003,27(4):367-382.

[172] 刘芍佳,孙霈,刘乃全.终极产权论、股权结构及公司绩效[J].经济研究,2003(4):51-62.

[173] 赖建清,吴世农.我国上市公司最终控制人的现状研究[C]//公司财务研讨会论文集,2004.

[174] 叶勇,胡培,何伟.上市公司终极控制权、股权结构及公司绩效[J].管理科学,2005(4):58-64.

[175] 赖建清,吴世农.上市公司最终控制人对绩效的影响研究[R].厦门大学管理学院,2005.

[176] 孙健,陈良华.最终控制人与公司绩效关系的实证研究[J].东南大学学报(哲社版),2005(增刊):94-96.

[177] 夏立军,方轶强.政府控制、治理环境与公司价值[J].经济研究,2005(5):40-51.

[178] 徐莉萍,辛宇,陈工孟.控股股东的性质与公司经营绩效[J].世界经济,2006(10):78-89.

[179] 谌瑜,李寿喜.上市公司最终控制人行为及其监管对策[J].现代管理科学,2006(4):88-90.

[180] 崔学刚,谢志华,郑职权.终极控制权性质与公司绩效——基于配对样本的实证检验[J].财贸研究,2007(4):104-111.

[181] 孙健.终极控制权与资本结构的选择——来自沪市的经验证据[J].管理科学,2008(2):18-25.

[182] Bebchuk L A, Kraakman R, Triantis G. Stock pyramids, cross-ownership, and dual class equity [M] //The Mechanisms and Agency Costs of Separating Control from Cash-Flow Rights. Concentrated Corporate Ownership (R. Morck, ed.), Chicago, USA: University of Chicago

Presspp. 445-460 (2000)

[183] Fan J, Wong T J. Corporate ownership structure and the informativeness of accounting earnings in East Asia[J]. Journal of Accounting and Economics, 2002, 33(3): 401-425.

[184] 沈中华. 金控公司的银行与独立银行 CAMEL 比较:1997-1998[J]. 台湾金融财务季刊,2002,3(2):73-82.

[185] 苏启林,朱文. 上市公司家族控制与企业价值[J]. 经济研究,2003,(8):36-45.

[186] 邹小芃,陈雪洁. 控制权和现金流权分离下的公司治理研究[J]. 浙江学刊,2003(3):145-148.

[187] 杨兴君,宗长江,江艺. 民营企业控制多家上市公司实证研究[R]. 深圳证券交易所研究成果论文,2003.

[188] 张俊喜,张华. 民营上市公司的经营绩效、市场价值和治理结构. 世界经济,2004(11):3-15.

[189] 徐晋,张祥建,郭岚. 大股东终极控制权增长模式与隐性收益[J]. 中国软科学,2005(1):41-45.

[190] 葛敬东. 现金流权比例对终级股东剥夺行为的约束程度分析[J]. 会计研究,2006(7):52-58.

[191] 谷祺,邓德强,路倩. 现金流权与控制权分离下的公司价值——基于我国家族上市公司的实证研究[J]. 会计研究,2006(4):30-37.

[192] 李善民,王德友,朱滔. 控制权和现金流权的分离与上市公司绩效[J]. 中山大学学报(社会科学版),2006(6):83-91.

[193] 邓建平,曾勇,李金诺. 最终控制、权力制衡和公司价值研究[J]. 管理工程学报,2006(3):26-32.

[194] Fan J, Wong T, Zhang T. Politically connected CEOs, corporate governance and post-IPO performance of China'

s partially privatized firms [J]. Journal of Financial Economics,2007,84(2):330-357.

[195] 吕长江,肖成民.最终控制人利益侵占的条件分析[J].会计研究,2007(10):82-86.

[196] 马连福,陈德球,高丽.投资者关系管理、现金流权与公司价值——基于中国家族上市公司的实证研究[J].山西财经大学学报,2007(12):72-79.

[197] 朱滔,王德友.现金股利:缓解代理问题还是大股东剥削——基于最终所有权结构视角的研究[J].山西财经大学学报,2007(8):97-102.

[198] 叶勇,刘波,黄雷,终极控制权、现金流量权与企业价值——基于隐性终极控制论的中国上市公司治理实证研究[J].管理科学学报,2007(2):66-79.

[199] 孙健.终极控制权与超额现金持有[J].经济与管理研究,2008(3):72-78.

[200] 田高良,汪方军,吴清华.终极产权、控制方式与审计委员会治理需求——一项基于中国上市公司的实证研究[J].管理世界,2008(9):124-138.

[201] 刘运国,吴小云.终极控制人、金字塔控制与控股股东的"掏空"行为研究.管理科学,2009,6(12):1661-1669.

[202] Milgram S. Obedience to authority; An experimental view [M]. New York:Harper & Row,1974:134-175.

[203] Stein J C. Rational capital budgeting in an irrational world [J]. Journal of Business,1996,69(4):429-455.

[204] Shivdasani A, Yermack D. CEO involvement in the selection of new board members:an empirical analysis[J]. Journal of Finance,1999,54:1829-1853.

[205] Blair M M, Lynn A S. Trust, trustworthiness, and the

behavioral foundations of corporate law[J]. University of Pennsylvania Law Review, 2001, 6: 71-92.

[206] Heaton J. Managerial optimism and corporate finance[J]. Financial Management, 2002, 31: 33-45.

[207] Gervais S, Odean T. Learning to be overconfident[J]. Review of Financial Studies, 2003, 14: 1-27.

[208] Jeffery D H, Vikas A, Christopher P N. Toward a frame work of corporate merge process and outcomes: a behavioral perspective[J]. International Journal of Public Administration, 2003, 26: 97-117.

[209] Camerer C F. Behavioral game theory: experiments on strategic interaction[J]. Princeton: Princeton University Press, 2003: 128-144.

[210] Hermalin B E, Weisbach M S. Boards of directors as an endogenously determined institution: a survey of the economic literature[J]. Economic Policy Review, 2003, 9 (1): 7-26.

[211] Baker M, Richard S Ruback, Wurgler J. Behavioral corporate finance: a survey[R]. NBER (National Bureau of Economic Research) Working Papers, 2004, No. 10863.

[212] Baker M, Wurgler J. Behavioral corporate finance: a updated survey[R]. NBER (National Bureau of Economic Research) Working Papers, 2011, No. 17333.

[213] Morck R. Behavioral finance in corporate governance: independent directors and non-executive chairs[R]. NBER (National Bureau of Economic Research) Working Papers, 2004, No. 10644.

[214] AlexanderF H L. A (behavioural) law and economics

approach to reforming Asian corporate governance[J]. Company and Securities Law Journal, 2004, 20 (5): 252-275.

[215] Larcker D F, Richardson S A, Tuna A I. How important is corporate governance? [DB//OL]. Available at SSRN: http://ssrn.com/abstract=595821.

[216] 徐细雄,万迪,淦未宇.行为公司治理研究:公司治理研究的新视角[J].外国经济与管理,2006(6):11-18.

[217] 高雷,刘绪光.基于自我主体价值的行为公司治理理论[J].中国工业经济,2008(3):127-134.

[218] 道格拉斯·诺斯.制度、制度变迁与经济绩效[M].刘守英,译.上海:上海三联书店,1994.

[219] 道格拉斯·诺斯.经济史中的结构与变迁[M].陈郁,译.上海三联出版社,1991.

[220] Fama E F, Jensen M C. Separation of ownership and control[J]. Journal of Law and Economics, 1983, 26(2): 301-325.

[221] Clarkson M B E. A stakeholder framework for analyzing and evaluating corporate social performance[J]. Academy of Management Journal, 1995, 20(1): 92-118.

[222] 贾生华,陈宏辉.利益相关者的界定方法述评[J].外国经济与管理,2002,24(5):13-18.

[223] 卢福财.论企业融资与法人治理机制[J].中国工业经济,2001(8):65-70.

[224] 吕斐适,吴德胜.公司治理变革中的治理成本研究[J].江汉论坛,2006(12):27-29.

[225] Hermalin B E, Weisbach M. The effects of board composition and direct incentives on firm performance[J].

Financial Management,1991,20(4):101-112.

[226] Newell R,Wilson G. A premium for good governance[J]. The McKinsey Quarterly,2002,(3):20-23.

[227] Drobetz W, Schillhofer A, Zimmermann H. Corporate governance and expected stock returns: evidence from Germany[J]. European Financial Management, 2004, 10(2):267-293.

[228] 吴淑锟,李友根.中国上市公司治理评价体系及其应用[J].中国软科学,2003(5):65-69.

[229] 南开大学公司治理评价课题组.中国上市公司治理评价系统研究[J].南开管理评论,2003(3):4-12.

[230] 李维安,程新生.公司治理评价及其数据库建设[J].中国会计评论,2005(2):387-400.

[231] Garner B A. Black's Law Dictionary(9th Edition)[M]. NJ,United States:West Publishing,1979.

[232] 殷召良.公司控制权法律问题研究[M].北京:法律出版社,2001.

[233] Shleifer A,Vishny R W. The efficiency of investment in the presence of aggregate demand spillovers[J]. Journal of Political Economy,1988,96(6):1221-1231.

[234] Forker J J. Corporate governance and disclosure quality [J]. Accounting and Business Research, 1992, 22(86): 111-124.

[235] Klein A. Audit committee, board of director characteristics, and earnings management[J]. Journal of Accounting and Economics,2002,33:375-400.

[236] Ryan D,Jenny G S,Kent P. Internal governance structures and earnings management[J]. Accounting & Finance,

2005,45(2):241- 267.

[237] Lipton M, Lorsch J W. A modest proposal for improved corporate governance[J]. Business Lawyer, 1992, 1:59-77.

[238] Nikos V. Operating performance around the adoption of director incentive plans[J]. Economics Letters, 2000, 68(2):185-190.

[239] 孙永祥,章融.董事会规模、公司治理与绩效[J].企业经济,2000(10):13-15.

[240] 何卫东,张嘉颖.所有权结构、资本结构、董事会治理与公司价值[J].南开管理评论,2002(2):17-52.

[241] 李常青,赖建清.董事会特征影响公司绩效吗?[J].金融研究,2004(5):64-77.

[242] 沈艺峰,张俊生.ST公司总经理离职情况的实证研究[J].证券市场导报,2001(9):23-27.

[243] 于东智.董事会、公司治理与绩效:对中国上市公司的经验分析[J].中国社会科学,2003 (3):29-41.

[244] Hernalin B E, Weisbach M S. The determinants of board composition[J]. RAND Journal of Economics, 1988, 19(4):589-606.

[245] Rosenstein S, Wyatt J G. Outside directors, board independence and shareholder wealth [J]. Journal of Financial Economics, 1990, 26(2):175-191.

[246] William O, Brown M T Maloney. Exit, voice, and the role of corporate directors: evidence from acquisition performance[R]. Working paper in economics, Claremont colleges. 1996.

[247] Friday H S, Sirmans G S. Board of directors monitoring and firm value in REIT [J]. Journal of Real Estate

Research,1998,16(3):411-427.
[248] 美国投资者责任研究中心(IRRC).1997 年董事会实务:标准普尔 1500 家超大型企业的实践[M] //梁能.公司治理:中国的实践与美国的经验.北京:中国人民大学出版社,2000,119.
[249] Daily C M,Dalton D R. Board of directors leadership and structure: Control and performance implications [J]. Entrepreneurship Theory and Practice,1993,17(3),65-80.
[250] Agrawal A, Knoeber C R. Firm performance and mechanisms to control agency problems between managers and shareholders[J]. Journal of Financial and Quantitative Analysis,1996,31(3):377-397.
[251] Laura Lin. The effectiveness of outside directors as a corporate governance mechanism: theories and evidence [J]. Northwestern University Law Review,1996,90(3): 898-930.
[252] Bhagat S,Black B S. The uncertain relationship between board composition and firm performance [J]. Business Lawyer,1999,54:921-963,..
[253] 吴淑琨,刘忠明,范建强.非执行董事与公司绩效的实证研究[J].中国工业经济,2001(9):69-76.
[254] 高明华,马守莉.独立董事制度与公司绩效关系的实证分析[J].南开经济研究,2002(2):64-68.
[255] 胡勤勤,沈艺峰.独立外部董事能否提高上市公司的经营业绩[J].世界经济,2002(7):55-62.
[256] 邵少敏,吴沧澜,林伟.独立董事和董事会结构、股权结构研究:以浙江省上市公司为例[J].世界经济,2004(2):66-78.
[257] Michael C Jensen,Jerold B Warner. The distribution of

power among corporate managers, shareholders, and directors[J]. Journal of Financial Economics, 1988, 20: 3-24.

[258] McConnell J J, Servaes H. Additional evidence on equity ownership and corporate value[J]. Journal of Financial Economics, 1990, 27: 595-612.

[259] Cui H, Mak Y. The relationship between managerial ownership and firm performance in high R&D firms[J]. Journal of Corporate Finance, 2002, 8: 313-336.

[260] Mehran H. Executive Compensation Structure, ownership, And Firm performance [J]. Journal of Financial Eeonomies, 1995, 38(2): 163-184.

[261] Barnhart S W, Rosenstein S. Board compensation, managerial ownership, and firm performance: an empirical analysis[J]. The Financial Review, 1998, 33: 1-16.

[262] Core J E, Larcker D F. Performance consequences of mandatory increases in executive stock ownership[J]. Journal of Financial Economics, 2002, 64: 317-340.

[263] 袁国良,王怀芳,刘明.上市公司股权激励的实证分析及其相关问题[M] //刘树成,沈沛主编,中国资本市场前沿理论研究文集.成都:社会科学文献出版社,2000.

[264] 魏刚.高级管理层激励与上市公司经营绩效[J].经济研究,2000(3):32-64.

[265] 谌新民,刘善敏.上市公司经营者报酬结构性差异的实证研究[J].经济研究,2003(8):55-63.

[266] 许承明,蹼卫东.内部人持股与上市公司绩效研究[J].数量经济技术经济研究,2003(11):123-126.

[267] 余明桂,夏新平.控股股东、代理问题与关联交易:对中国上

市公司的实证研究[J].南开管理评论,2004(6):33-61.

[268] Jensen M C, Murphy K J. Performance pay and top management incentives[J]. Journal of Political Economy, 1990,98(2):225-264.

[269] Richard A De F,Johnson R R,Thomas S Z. The effect of executive stock option plans on stockholders and bondholders[J]. The Journal of Finance,1990,45(2):617-627.

[270] Leonard J S. Executive pay and firm performance[J]. Industrial and Labor Relations Review,1990,43(3,Special Issue):13S-29S.

[271] Abowd J M. Does performance-based managerial compensation affect corporate performance? [J]. Industrial and Labor Relations Review,1990,43(3,Special Issue):52S-73S.

[272] Bloom M, Milkovich G T. Relationships among risk, incentive pay, and organizational performance [J]. Academy of Management Journal,1998,41(3):283-297.

[273] Anderson M C, Banker R D, Ravindran S. Executive compensation in the information technology industry[J]. Management Science,2000,46(4):530-547.

[274] Palia D. The endogeneity of managerial compensation in firm valuation: a solution[J]. The Review of Financial Studies,2001,14(3):735-764.

[275] Evans J P,Evans R T. An examination of economic value added and executive compensation[R]. SSRN Working paper Series (School of Economics and Finance, Curtin University of Technology),Australia. 2001.

[276] Carpenter M A, Sanders W G. Top management team compensation: the missing link be-tween CEO pay andFirm Performance? [J]. Strategic Management Journal, 2002, 23(4):367-375.

[277] Sesil J C, Kroumova M K, Blasi J R, et al. Broad-based employee stock options in US 'New Economy' Firms[J]. British Journal of Industrial Relations, 2002, 40 (2): 273-294.

[278] 封思贤.大股东掠夺:公司治理新焦点[J].当代经济管理, 2005(6):135-158.

[279] Byrd J W, Hickman K A. Do outside directors monitor manager? Evidence from tender offer bids[J]. Journal of Financial Economics, 1996, 32:195-221.

[280] Conyon M, Peck S. Board size and corporate performance: evidence from European countries[J]. European Journal of F finance, 1998(4):291-304.

[281] Kula V. The impact of the roles structure and process of boards on firm performance: evidence from Turkey [J]. Corporate Governance: An International Review, 2005, 13 (2):265-276.

[282] 李常青,管连云.股权结构与盈余管理关系的实证研究[J].商业研究,2004(19):48-53.

[283] 王艳,张逸杰,周红.上市公司盈余管理行为的变动成因研究——基于董事会改革与报酬水平的视角[J].管理评论, 2007(6):49-56.

[284] Gilson S C. Management turnover and financial distress [J]. Journal of Financial Economics, 1989, (25):241-262.

[285] Murphy K, Zimmerman J. Financial performance

surrounding CEO turnover[J]. Journal of Accounting and Economics,1993,(16):324-331.

[286] Defond M, Hung M. Investor protection and corporate governance:evidence from worldwide CEO turnover[J]. Journal of Accounting Research,2004,42(2):269-312.

[287] Firth M, Fung P, Rui O. Firm performance, govermance structure,and top management turnover in a transitional economy[J]. Journal ofManagement Studies,2006,43(6):1289-1330.

[288] Jensen M C. Agency cost of free cash flow, corporate finance, and takeovers[J]. American Economic Review, 1986,76(2):323-329.

[289] Baltagi B. Econometric analysis of panel data(4th Edition)[M]. NewYork:John Wiley & Sons,2008:11-12.

[290] 白仲林. 面板数据的计量经济分析[M]. 天津:南开大学出版社,2008.

[291] Wooldridge J M. 横截面与面板数据的经济计量分析[M]王忠玉,译..北京:中国人民大学出版社,2007.

[292] Steven N S Cheung. The contractual nature of the firm [J]. Journal of Law and Economics,1983,26(1):1-21.

[293] Hart O,Moore J. Foundations of incomplete contracts[J]. Review of Economic Studies,1999,66(1):115-138.

[294] Hart O. Incomplete contracts and the theory of the firm [J]. Journal of Law,Economics and Organization,1988,4(1):119-139.

[295] Hart O, Moore J. Contracts as reference points [J]. Quarterly Journal of Economics,2008,123(1):1-48.

[296] Fehr E,Hart O,Zehnder C. Contracts as reference points:

experimental evidence[J]. American Economic Review, 2011,101(2):493-525.

[297] Williamson O E. The economic institutions of capitalism: firms, markets, relational contracting[J]. New York: Free Press, 1985:18-35.

[298] Fehr E, Zehnder C, Hart O. Contracts, reference points, and competition-behavioral consequences of the fundamental transformation[J]. Journal of the European Economic Association, 2009,7(2-3):561-572.

[299] Maskin E, Tirole J. Unforeseen contingencies and incomplete contracts[J]. Review of Economic Studies, 1999,66(1):83-114.

[300] Kunimoto T. Indescribability and its irrelevance for contractual incompleteness [J]. Review of Economic Design, 2010,14(3):271-289.

[301] Fehr E, Hart O, Zehnder C. How do informal agreements and renegotiation shape contractual reference points[R]. NBER (Cambridge: National Bureau of Economic Research), Working Paper, 2011, No. 17545.

后　记

公司治理是现代企业制度的核心问题。在学术界，公司治理研究一直是企业理论的研究热点和关键领域。在实务界，公司治理新制度、新理念、新措施的探索从来就没有停止过。在宏观层面，中国经济与社会制度尚处于不断发展变化中，公司治理的外部环境复杂多变，客观上也为中国公司治理研究、公司治理创新提供了条件。在公司层面，公司治理的典型事件层出不穷，例如：万科的股权之争，山水水泥控制权争夺、阿里巴巴等互联网企业的双重股权结构……这些公司治理事件为公司治理研究提供了丰富的案例和素材。当前国有企业的混合所有制改革，以及党组织进入民营企业（甚至外资企业）等新现象的出现，更为推动中国特色公司治理的研究与创新提供了新的土壤。

本书关注的是“控股股东与最终控制人的行为”与“公司治理效率”之间的关系。随着公司治理外部环境的变化，公司治理制度也会发生相应的调整，公司治理新理念必然应运而生。展望“控股股东与最终控制人的行为”与“公司治理效率”之间关系的这一研究主题，不仅需要继续探索“公司治理效率”的衡量指标，而且需要引入社会学、心理学等其他学科的理论知识、研究成果与研究方法，对中国特色的“控股股东与最终控制人的行为”机制进行深入的探索、剖析，进而得出更能体现中国特色，更加具有实践意义的研究结论。

感谢江苏高校优势学科建设工程资助项目（现代审计科学）、江苏高校品牌建设工程一期项目立项专业（审计学）、江苏省教育厅高校哲学社会科学研究项目(2013SJB6300058)、南京审计大学品牌重点专业建设项目（工商管理）、南京审计大学校级科研项目（NSK2009/B15）等项目对本书出版给予的资助。

著者

2017 年 10 月